Stephan Köhnlein

Das Wichtigste zuerst

Stephan Köhnlein

Das Wichtigste zuerst

Meldungen schreiben in Zeiten von Twitter, Fake News und Roboter-Journalismus

FSC
www.fsc.org
MIX
Papier aus verantwortungsvollen Quellen
Paper from responsible sources
FSC® C105338

Bibliografische Information der Deutschen Nationalbibliothek:

Die Deutsche Nationalbibliothek verzeichnet diese Publikation in der Deutschen Nationalbibliografie; detaillierte bibliografische Daten sind im Internet über http://dnb.dnb.de abrufbar.

Coverfoto: Pixabay/www_slon_pics
Foto Rückseite: Eva Speith, Darmstadt

Herstellung und Verlag: BoD – Books on Demand, Norderstedt

ISBN: 978-3-7481-5852-3

Inhalt

Vorwort: Von Ws und Vorurteilen

Auf den Einstieg kommt es an – das ist eine der zentralen Botschaften dieses Buches. Deswegen kurz und knapp: Dieses Buch beantwortet die Frage, wie Sie mit informativen Kurztexten in der Öffentlichkeit Wirkung erzielen. Denn in der Masse der heute verfügbaren Informationen geht unter, wer nicht schnell Interesse weckt und auf den Punkt kommt.

Zunächst geht es in diesem Buch um die klassische journalistische Meldung, mit der in den Medien und im Publik-Relations-Sektor seit vielen Jahrzehnten Informationen aus Politik, Gesellschaft, Sport und Wirtschaft verbreitet werden. Aber dieses Buch geht noch weiter. Denn mit der Digitalisierung haben sich die Kommunikation, ihre Ausdrucksformen und Verbreitungskanäle für Nachrichten verändert – und das hat auch Folgen für die Meldung.

Für wen schreibe ich dieses Buch? Damit sind Sie beim ersten W aus der Überschrift (mehr zu den W-Fragen in Kapitel 4). Dieses Buch richtet sich nicht nur an Journalisten und solche, die es werden wollen.

Es richtet sich an die Beschäftigten in PR-Abteilungen und -Agenturen, in Pressestellen von Unternehmen, Verwaltung und Verbänden, aber auch an Menschen, die ehrenamtlich Öffentlichkeitsarbeit für einen Verein übernehmen, oder die einen Blog mit nachrichtlichen Inhalten betreiben. Ganz allgemein: Es richtet sich an alle, die mehr über das Thema Nachrichten, ihre Funktionsweise und Anwendung wissen wollen.

Den Einwänden und Vorurteilen zum Trotz

Wer in diesen Zeiten ein Buch über das Schreiben von Meldungen schreiben will, der sieht sich mit einer Reihe von Einwänden und Vorurteilen konfrontiert. Das habe ich in den vergangenen Monaten immer wieder erlebt. Und trotzdem habe ich es getan – und das nicht nur, um diese Vorurteile zu entkräften.

Vorurteil 1: Meldungen schreiben – das ist doch keine Kunst!

Das stimmt! Aber in dieser Aussage spiegelt sich auch ein Grund, warum sich zumindest ein Teil der Medien in den vergangenen Jahren von ihren Lesern entfernt hat. Journalismus ist in weiten Teilen keine Kunst – sieht man von einigen Ausnahmen ab wie geistvollen Glossen, messerscharfen Kommentaren oder preisgekrönten Reportagen.

Doch gerade die Reportage, lange als Königsdisziplin des Journalismus gefeiert, ist während der Entstehung dieses Buches angesichts von Fälschungen in zahlreichen etablierten deutschen Medien massiv ins Zwielicht geraten.

Journalismus ist vor allem eine Dienstleistung, die den Leser mit Informationen versorgt. Und wie bei vielen Dienstleistungsberufen geht es auch im Journalismus zunächst um handwerkliche Fähigkeiten.

Vorurteil 2: Meldungen schreiben – das kann doch jeder, der sich ein bisschen mit Journalismus beschäftigt!

Das stimmt nicht! In den vielen Jahren als Redakteur, Chef vom Dienst, Ressort- und Redaktionsleiter bei Nachrichtenagenturen und anderen Medien habe ich immer wieder junge Kollegen kennengelernt, die hübsche Geschichten schreiben konnten, aber vom Handwerk Meldungsschreiben wenig wussten.

Dabei gehört das Formulieren von Nachrichten zum grundlegenden journalistischen Rüstzeug. Auf der Meldung bauen nahezu alle großen journalistischen Textformen auf. Es geht darum, Informationen zu sammeln und aufzubereiten, das Wichtigste zu erkennen und den Sachverhalt auf den Punkt zu bringen.

Das Bemühen um Richtigkeit und Verständlichkeit, das man beim Nachrichtenschreiben trainiert, kennzeichnet guten Journalismus in jeder Darstellungsform, wie schon der große Journalismus-Lehrer Walther von La Roche sagte.

Vorurteil 3: Meldungen schreiben – das ist doch heute nicht mehr zeitgemäß!

Das stimmt nicht! Natürlich verändert sich der Journalismus im Zuge der Digitalisierung rasant und grundlegend – so wie die meisten anderen Berufs- und Lebensbereiche übrigens auch. Vor dem Schreiben dieses Buches habe ich meine alten Journalistik-Lehrbücher aus den 90er Jahren wieder einmal in die Hand genommen. Einiges, was damals gelehrt wurde, ist heute überholt.

Aber das Handwerkszeug, das man beim Schreiben von Meldungen erlernt, ist auch in der Zeit von Twittern und Tickern wichtig. Gerade auf dem sich immer schneller drehenden Nachrichtenkarussell ist es von entscheidender Bedeutung, den Kern der Nachricht zu erkennen und ihn kurz, korrekt und für den Leser interessant fassen zu können.

Damit zum nächsten W aus der Überschrift. Warum dieses Buch? Es soll hilfreiche Tipps für das Schreiben von Meldungen geben. Es soll aber kein dröges Lehrbuch sein, auch keine wissenschaftliche Arbeit. Es ist ein Produkt der Praxis, in das rund zwei Jahrzehnte Berufserfahrungen im Nachrichtengeschäft eingeflossen sind. Es soll ein wenig unterhalten. Und vielleicht regt es ja auch zum Nachdenken an. Vor allem aber ist es ein Plädoyer für die häufig unterschätzte journalistische Gattung der Meldung.

Gliederung und Arbeitshypothesen

Dieses Buch gliedert sich in drei große Teile. Im ersten Teil geht es nach einigen grundsätzlichen Überlegungen und Definitionen zum Thema Nachrichten zentral um den Aufbau von Meldungen. Dazu gibt es zahlreiche Beispiele, praktische Tipps und Übungen.

Der zweite Teil des Buches erweitert den Fokus und behandelt besondere Ausprägungen von Meldungen sowie verwandte Textformen – angefangen von der bunten Meldung über die Pressemeldung bis zum Bericht.

Im dritten Teil geht es um die Veränderungen durch die Digitalisierung. Er behandelt Fragen, wie die Mechanismen der Meldung heute zum Einsatz kommen, wo sie sich verändern und was in einer Welt zwischen Twitter, Fake News und Robotern auch in Zukunft Bestand haben wird.

Dabei werde ich fünf Arbeitshypothesen verfolgen und belegen:

1) TECHNIK: Die verfügbare Technik beeinflusst maßgeblich, wie Informationen in der jeweiligen Gesellschaft übermittelt werden.

2) EXTENSION vs. KOMPRIMIERUNG: Die Digitalisierung bewirkt zwei gegenläufige Entwicklungen. Zum einen kann heute eine riesige Menge von Informationen nahezu gleichzeitig übermittelt werden (Extension). Trotzdem werden viele Informationen immer kürzer und verdichteter übermittelt (Komprimierung).

3) JENSEITS DER GESCHWINDIGKEIT: Das Nachrichten- und Informationsgeschehen wird immer schneller. Geschwindigkeit ist wichtig. Doch Medien müssen ihren Nutzern darüber hinaus einen Mehrwert bieten.

4) ROBOTER: Maschinen werden in den kommenden Jahren einen Teil des Nachrichtengeschehens übernehmen. Jenseits dieses Roboter-

Journalismus wird es aber weiterhin Bereiche geben, in denen der Mensch nicht ersetzbar ist.

5) HANDWERK: Die klassische Meldung lebt! Jeder kann lernen, wie man sie schreibt. Das Wissen und die Beherrschung dieses Handwerks hilft nicht nur Journalisten, sondern allen, die sich in unserer modernen Kommunikationsgesellschaft zurechtfinden und Gehör verschaffen wollen.

Teil I: Das Meldungshandwerk

1 Nachricht – Meldung – Bericht: Worum es hier geht

In der Alltagssprache geht es mit der Verwendung der Kernbegriffe dieses Buches manchmal etwas durcheinander: Wieso laufen in den Fernsehnachrichten Berichte aus aller Welt? Wieso produzieren Nachrichtenagenturen vor allem Meldungen? Was haben der Kurznachrichtendienst Twitter und die heute-Nachrichten im ZDF gemeinsam? Und was ist gemeint, wenn sich die Nachricht vom peinlichen Auftritt des Chefs wie ein Lauffeuer durch die Firma verbreitet?

Es ist also zunächst wichtig, die Begriffe etwas voneinander abzugrenzen, um für den weiteren Verlauf des Buches Klarheit zu schaffen.

1.1 Journalistische Nachricht – um Objektivität bemüht

Am Anfang steht in der Regel ein Ereignis, eine Aussage oder eine Handlung. Wenn jemand beschließt, jemand anderen darüber zu informieren, wird daraus eine **Nachricht**. Das Wort Nachricht bezeichnet alltagssprachlich den Inhalt einer Information.

Aus journalistischer Sicht versteht man nach Weischenberg (1990:16) unter Nachricht eine Darstellungsform, in der es „um die Vermittlung von Informationen in möglichst knapper, unparteilicher Weise“ geht.

La Roche (1997:64) definiert eine Nachricht als „die um Objektivität bemühte Mitteilung eines allgemein interessierenden, aktuellen Sachverhalts in einem bestimmten formalen Aufbau“. In der journalistischen Praxis wird oft jedoch nicht von Nachrichten, sondern von konkreten Darstellungsformen gesprochen.

1.2 Meldung – kürzeste Form für journalistische Nachrichten

Die kürzeste journalistische Form für Nachrichten ist nach der klassischen Lehre die **Meldung**. Dabei kann eine Meldung mehr als eine Nachricht enthalten:

(1) Minister räumt Fehler ein und tritt zurück

Schon in dieser Überschrift finden sich mehrere Informationen, nämlich erstens das Einräumen der Fehler und zweitens der Rücktritt.

Wie kurz oder lang eine Meldung sein soll und darf, erfahren Sie im weiteren Verlauf des Buches (Kapitel 6). Auch der Übergang zum Bericht ist dabei fließend (Kapitel 18).

1.3 Bericht – großer Bruder, nicht zwangsläufig länger

Der **Bericht** gilt als großer Bruder der Meldung. In der Regel ist er länger als eine Meldung – aber nicht zwangsläufig. Das ist wie im richtigen Leben. Wenn man vom großen Bruder spricht, meint man in der Regel den älteren, reiferen. Das bedeutet aber nicht zwangsläufig, dass er auch körperlich größer als seine anderen Brüder ist.

Gemeinsam haben Meldung und Bericht, dass sie knapp und möglichst unparteiisch formuliert sind, also die Übermittlung von Informationen in den Mittelpunkt stellen.

Von den anderen journalistischen Formen steht dem Bericht das Feature (auch Nachrichtenfeature) am nächsten. Mit einem Feature werden Nachrichten an einem oder mehreren Beispielen illustriert.

Eine Reportage stellt erzählerische Gesichtspunkte in den Vordergrund. Kommentar und Glosse sind meinungsgeprägt. All diese Formen spielen in diesem Buch keine Rolle. Hier geht es primär darum, in welcher Form Nachrichten übermittelt werden: als Meldung und als Bericht.

Auf den Punkt:

- Nachricht bezeichnet den Inhalt einer Information.
- Die Meldung ist die klassische journalistische Kurzform, die mindestens eine Nachricht enthält.
- Der Bericht ist die längere journalistische Form, die Nachrichten vermittelt.
- Gemeinsam ist Meldung und Bericht das Bemühen um Neutralität.

2 Nachrichtenwerte: Der umgefallene Sack Reis

Wenn in China ein Sack Reis umfällt, interessiert das keinen Menschen. Das besagt zumindest eine Redensart, die ausdrücken soll, dass ein Ereignis nicht von Bedeutung ist. Die Aussage ist zugespitzt formuliert und mit einem Bild illustriert – also nach journalistischen Kriterien eigentlich gut aufgezogen. Das Problem: Sie stimmt so nicht!

Stellen Sie sich zum Beispiel folgende Überschriften vor:

(1) *Umgekippter Sack Reis erschlägt Paar bei Liebesspiel*
(2) *Umgekippter Sack Reis legt Gepäckbänder an Pekinger Flughafen lahm*
(3) *Umgekippter Sack Reis verletzt US-Präsidenten bei China-Besuch*

Was diese Beispiele zeigen sollen: Es kommt oft nicht nur auf das Ereignis selbst an, ob ein Vorfall eine Nachricht bzw. eine Meldung wird. Es sind in der Regel mehrere Faktoren, die darauf einen Einfluss haben.

Praktisch:

Lassen Sie Ihre Fantasie spielen. Welche Geschichten mit einem umgekippten Sack Reis fallen Ihnen noch ein, die Lust aufs Lesen machen und den Weg in eine Zeitung oder ein Nachrichtenportal finden könnten?

Die Kommunikationswissenschaften haben das unter dem Begriff „Nachrichtenwert" gefasst und umfassend untersucht. Der Nachrichtenwert setzt sich aus verschiedenen Nachrichtenfaktoren zusammen und entscheidet mit, welche Nachricht in den Medien erscheint, in welchem Umfang und in welcher Aufmachung.

Erste Untersuchungen zu Nachrichtenwerten gehen auf den amerikanischen Journalisten und Medienkritiker Walter Lippmann zurück. Er identifizierte im Jahr 1922 zehn Elemente, die für eine Berichterstattung ausschlaggebend waren. Diese reichten von Überraschung über Schaden, Nutzen und Prominenz bis Nähe.

2.1 Welche Faktoren den Nachrichtenwert bestimmen

Diese Faktoren wurden später immer wieder verändert, erweitert oder reduziert. Zur Orientierung folgt hier ein umfangreiches Modell in Anlehnung an Weischenberg (1990). Dieser unterscheidet zunächst in zentrale/harte sowie weiche Nachrichtenfaktoren und untergliedert diese dann.

2.1.1 Zentrale/harte Nachrichtenfaktoren

Die Gruppe der zentralen/harten Nachrichtenfaktoren lässt sich in zwei Gebiete einteilen:

Bedeutung: Ausmaß und Konsequenzen des Ereignisses

Wenn bei einem Unfall, einem Anschlag oder einer Katastrophe viele Menschen getötet werden, hat das in der Regel einen hohen Nachrichtenwert (4). Das gilt auch, wenn die Konsequenzen eines Ereignisses viele Menschen betreffen (5) und (6).

(4) *Beim Absturz einer Passagiermaschine sind im Iran alle 240 Insassen ums Leben gekommen.*
(5) *Die Benzinpreise sind in der vergangenen Woche im Schnitt um 15 Cent gestiegen.*
(6) *Starke Schneefälle haben in weiten Teilen Deutschlands für massive Verkehrsbehinderungen gesorgt.*

Publikumsinteresse: Nähe, Prominenz, Aktualität

Wenn das Ereignis in der Nähe stattfindet (7), ist der Nachrichtenwert höher, als wenn es sich in der Ferne ereignet (8). Der Faktor Nähe fällt dann oft mehr ins Gewicht als der Faktor Ausmaß.

(7) *Bei einem Busunglück in Niedersachsen sind fünf Menschen ums Leben gekommen.*
(8) *Bei einem Busunglück in Indien sind mindestens 30 Menschen ums Leben gekommen.*

Von großer Bedeutung ist auch, inwieweit es sich um prominente Akteure handelt. Beispiel (9) wird vor allem zu einer Meldung, weil es sich um ein Mitglied des britischen Königshauses handelt.

(9) *Der Ehemann der Queen, Prinz Philip, ist am Donnerstagnachmittag in einen Verkehrsunfall verwickelt gewesen.*

Aktualität ist ein Nachrichtenfaktor, der oft schon in der Definition einer Nachricht enthalten ist (siehe Kapitel 1.1). Ein Vorfall, der mehrere Tage zurückliegt, ist unter journalistischen Aspekten in der Regel keine Nachricht – es sei denn, sie wird erst später bekannt wie in Beispiel (10).

(10) *Der Landrat von XY ist tot. Wie seine Familie am Freitag bekannt gab, starb er bereits am Montag vor einer Woche im Alter von 99 Jahren.*

2.1.2 Weiche Nachrichtenfaktoren: Human-Interest-Elemente

Diese Elemente können in Nachrichten allein vorkommen, oft treten sie aber auch in einer Kombination auf, wie die aufgeführten Beispiele zeigen.

- **Kuriosität, Ungewöhnliches**
- **Kampf, Konflikt**
- **Humor, Spaß**
- **Sex, Liebe**
- **Romantik**
- **Wissenschaft, Forschung**
- **Spannung, Ungewissheit**
- **Abenteuer, Risiko**
- **Sympathie**
- **Tragödie**

- **Alter**
- **Tiere**

(11) China klont Gen-Affen (Wissenschaft, Tiere, Ungewöhnliches)
(12) Koch zerstückelt Kollegen (Konflikt, Tragödie)
(13) Umgefallener Sack Reis erschlägt Paar bei Liebesspiel (Kuriosität, Sex, Tragödie)
(14) Bergung von Jungen aus Brunnenschacht verzögert sich (Ungewissheit, Tragödie, Alter)
(15) Nationaltorhüter Manuel Neuer heiratet Freundin (Liebe, Romantik)
(16) Rentnerin aus Hessen knackt Lotto-Jackpot (Sympathie, Alter, Ungewöhnliches)

Praktisch:

Nehmen Sie sich eine Tageszeitung. Am besten eignet sich die Titelseite oder die Seite mit vermischten Meldungen aus aller Welt, da dort in der Regel das größte Spektrum an Themen zu finden ist. Welche Nachrichtenfaktoren finden Sie in den einzelnen Geschichten?

2.2 Welche Werte haben eigentlich Journalisten?

Was die Nachrichtenwert-Theorien über Jahrzehnte jedoch nicht ausreichend berücksichtigte, war die Vermischung der Merkmale eines Ereignisses mit den Auswahlkriterien von Journalisten.

Grob gesagt: Es wurden Rückschlüsse von den Inhalten der Medien auf die Ereignisse gezogen. Der Grund dafür, dass ein Ereignis in den Medien erschien, wurde also dem Ereignis zugeschrieben.

Auf welcher – möglicherweise persönlich oder beruflich geprägten – Basis Journalisten ihre Entscheidungen trafen, einen Inhalt in die Zeitung oder

Sendung zu heben oder auf die Webseite zu stellen, wurde nicht untersucht. Vielleicht landeten Ereignisse ja auch nur in den Medien, weil die Journalisten sie als wertig ansahen.

2.3 Das Zwei-Komponenten-Modell

Erst Ende der 90er Jahre forderte der Mainzer Publizistik-Professor Hans Mathias Kepplinger einen theoretischen Neuanfang, der sowohl das Ereignis selbst wie die Auswahlkriterien der Journalisten berücksichtigt. Kepplinger hatte festgestellt, dass die Nachrichtenfaktoren nicht universell gültig, sondern zeit-, kontext- und kulturabhängig sind. Sie können sich somit je nach Situation unterscheiden.

In seinem „Zwei-Komponenten-Modell" für die Nachrichtenauswahl unterscheidet Kepplinger zwischen Nachrichtenfaktoren und Nachrichtenwerten. Nachrichtenfaktoren sind dabei wie bisher die objektiven Eigenschaften eines Ereignisses. Unter den Begriff Nachrichtenwert fasst er – anders als frühere Theorien – die subjektive Einschätzung der Journalisten über die Wichtigkeit dieser Eigenschaft.

Kepplinger untersuchte den statistischen Zusammenhang zwischen Nachrichtenfaktoren und Nachrichtenwerten. Die so ermittelten Kennzahlen sollen dann vorhersagen, wie Journalisten künftig Nachrichten auswählen – also sowohl auf Basis der Eigenschaften des Ereignisses wie auf Basis ihrer subjektiven Einschätzungen.

2.4 Nachrichtenfaktoren als Checkliste

Was bedeutet das für die Praxis? Täglich gibt es in Redaktionen Diskussionen, ob ein Ereignis berichtenswert ist oder nicht. Verschiedene Faktoren werden dafür und dagegen ins Feld geführt – und diese unterscheiden sich je nach Medium und Zielgruppe: Eine regionale Tageszeitung gewichtet Themen anders als eine Fachzeitschrift oder ein People-Magazin.

Nachrichtenfaktoren sind nicht statisch. Aber sie können als Checkliste dienen, um ein Thema zu prüfen: Welche Faktoren liegen vor? Welcher Nachrichtenwert ergibt sich daraus? Diese Fragen müssen beantwortet werden, bevor man anfängt zu schreiben – und zwar mit Blick auf die Zielgruppe und jenseits von Gefühlen, persönlichen Vorlieben oder politischen Ansichten.

Auf den Punkt:

- Mit Nachrichtenwerten lässt sich abschätzen, unter welchen Gesichtspunkten eine Nachricht relevant ist.
- Die Gewichtung der Nachrichtenwerte hängt zudem davon ab, an welche Zielgruppe sich ein Medium wendet.
- Bei der Entscheidung, ob eine Nachricht relevant ist, spielen jedoch auch Ansichten, Neigungen und Vorlieben von Journalisten eine Rolle.

3 Aufbau: Das Beste kommt nicht zum Schluss

Die Kollegin war nicht zu beneiden. Sie musste komplexe und meist grundsätzliche Gerichtsurteile in kurzer Zeit auf wenige Zeilen zusammenfassen. Aber ihren Kollegen hat sie es auch oft nicht leicht gemacht.

Nachdem die Kollegin ihren Text übermittelt hatte, rief sie nicht selten in der Redaktion an, um zu erklären, dass das Wichtigste am Ende des Textes stehe. Für den verantwortlichen Redakteur bedeutete das dann viel Arbeit: Er musste den Text der Kollegin komplett umkrempeln und vom Kopf auf die Füße stellen.

Wenn Sie jemandem erzählen, was Sie erlebt haben, beginnen Sie in der Regel am Anfang, erklären, illustrieren und bauen die Spannung bis zum Höhepunkt auf. Das Schreiben journalistischer Nachrichten folgt einer komplett anderen Dramaturgie. Hier fällt man gleich mit der Tür ins Haus: Das Wichtigste kommt immer zuerst! Hintergrund und Erläuterungen folgen später.

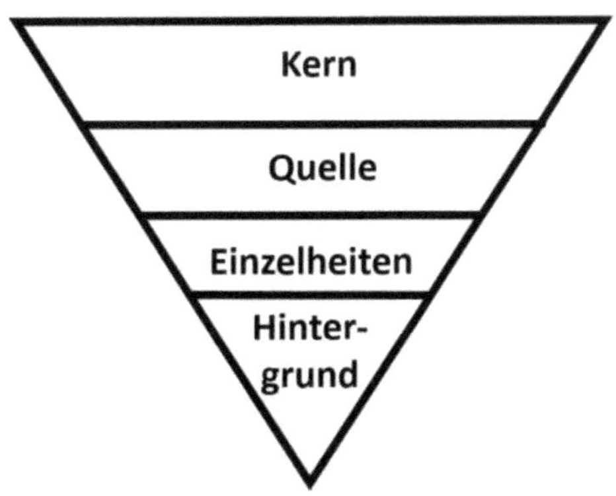

In der Theorie wird das als Prinzip der umgekehrten Pyramide (*Inverted Pyramid*) oder auch als Trichterprinzip bezeichnet. Der Nachrichtenkern, das tragende Hauptgewicht der Information, steht ganz oben, im ersten Satz. Nach unten verjüngt sich die Pyramide/der Trichter. Es folgen die Quelle und weitere Zusatzinformationen, die für das Verständnis des Nachrichtenkerns erforderlich sind. Die weiteren Informationen nehmen dann von ihrer Bedeutung immer weiter ab.

3.1 Geschichte: Von Trichtern und Pyramiden

Das war nicht immer so. Früher wurden die Meldungen und Berichte von Journalisten oft rein chronologisch angeordnet. Und man findet diese chronologische Ordnung auch heute noch immer wieder, zum Beispiel in Mitteilungen von Vereinen, Verbänden, aber auch in Polizeimeldungen (1):

> *(1) Am Samstag befuhr ein 84-Jähriger gegen 11.30 Uhr mit seinem Fahrrad die Straße X in Richtung Y. Ihm entgegen kam ein 32-Jähriger mit seinem Lieferwagen. Er hatte zunächst an der Kreuzung Z angehalten und war nach Feststellung, dass der Kreuzungsbereich frei ist, wieder angefahren. Beim Blick nach vorne sah er dann den Radfahrer vor seinem Fahrzeug. Ein Zusammenstoß konnte nicht mehr verhindert werden. Hierbei erlitt der Radfahrer lebensgefährliche Kopfverletzungen.*

Praktisch:

Ordnen Sie die Informationen in der Polizeimeldung neu an. Welche Information muss in den ersten Satz?

Entstanden ist das Pyramidenprinzip Mitte des 19. Jahrhunderts in den USA (siehe Zschunke 2000:196). Um trotz unsicherer Telegrafenverbindungen eine kontinuierliche Berichterstattung zu gewährleisten, wurden die Reporter angehalten, das Wichtigste ihrer Meldungen an den Anfang zu stellen. Wenn die Leitung mitten in der Übertragung zusammenbrach, hatte der Empfänger die wichtigsten Informationen bereits.

Auch den Zeitungen kam dieses Prinzip über viele Jahrzehnte entgegen. Das lag daran, dass Zeitungsseiten lange per Hand gesetzt wurden, bevor sie in den Druck gingen. Da konnte eine Nachricht nur schnell gekürzt werden, wenn sie nach dem Trichterprinzip formuliert war. Man musste nicht die komplette Meldung umsetzen, sondern strich einfach von unten weg und hatte so wieder Platz auf der Seite für andere Ereignisse.

3.2 Das Pyramidenprinzip lebt!

Heute sind die Übertragungswege für Nachrichten äußerst stabil. Innerhalb von Sekundenbruchteilen lassen sich auch lange Texte um die ganze Welt schicken. Und diese Texte lassen sich oft mit einigen schnellen Handgriffen auf der Tastatur vom Kopf auf die Füße stellen.

Vom ganz strengen Aufbau nach dem Prinzip der umgekehrten Pyramide ist der moderne Journalismus heute zwar ein wenig abgerückt und erlaubt, „die einzelnen Text-Module je nach Sachverhalt umzugruppieren“ (Hooffacker 2016:10). Losgelöst von der grafischen Darstellung ist der Grundgedanke „Das Wichtigste zuerst“ aktueller denn je.

In der Masse der Informationen hat der Leser kaum noch Zeit, jeden Text – also nicht nur die journalistische Meldung – von Anfang bis Ende zu lesen. Wenn der Verfasser möchte, dass jemand seine Meldung liest, muss er die Aufmerksamkeit des Publikums sofort packen und auf den Punkt kommen. Wenn das Wichtigste erst zum Schluss kommt, geht man im Meer der Nachrichten unter.

Auf den Punkt:

- Meldungen werden nach dem Prinzip eines Trichters oder einer umgekehrten Pyramide strukturiert.
- Das Wichtigste kommt am Anfang der Meldung.
- Die weiteren Informationen folgen nach abnehmender Wichtigkeit.

4 W-Fragen: Wer? Wie? Was?

Um ein Thema in einer Meldung verständlich zu erläutern, müssen mehrere Fragen beantwortet werden. Man spricht in diesem Zusammenhang von den W-Fragen. Es handelt sich dabei je nach Ansatz um sechs beziehungsweise sieben Fragen, die im Deutschen praktischerweise alle mit dem Buchstaben W beginnen.

- Wer?
- Was?
- Wo?
- Wann?
- Wie?
- Warum?
- Woher?

> **Praktisch:**
>
> Nehmen Sie sich eine Tageszeitung oder einen Teil davon. Sehen Sie sich die ersten Absätze der Beiträge an. Welche W-Fragen werden dort beantwortet? Fehlen Ihnen wichtige Ws zum Verständnis? Finden Sie in der Zeitung weitere Ws, die hier in diesem Buch bislang nicht genannt wurden?

Tatsächlich beantwortet eine gute Meldung oft noch mehr W-Fragen: welche Anschrift, welches Stockwerk, welches Alter, welcher Betrag, welche Verletzungen und vieles mehr. Doch diese Ws sollen nur eine Stütze sein, kein Korsett.

„Wer mehr von ihnen erwartet, sie gar mit philologischer Genauigkeit oder logischem Anspruch bei jedem Satz abhakt, wird wenig Freude und keinen Gewinn haben“, schreibt La Roche (1997). Er schlägt vor, die Ws zum einen als Checkliste für die Vollständigkeit zu verwenden im Sinne einer

Kontrollliste. Und sie können zum anderen als Konstruktionshilfe für den ersten Satz dienen.

Unter diesem Aspekt erlangt eine mögliche weitere W-Frage Bedeutung, die sich in der einschlägigen Literatur findet: Für wen schreibe ich? Dies ist jedoch eine Frage, die im Text nicht direkt beantwortet wird, sondern die sich der Schreiber selbst stellen muss – und zwar, bevor er anfängt zu schreiben.

Anders als zur Jahrhundertwende, als in Amerika die fünf Ws (Who, What, Where, When, Why) sowie später noch ein H für How, alle in den ersten Satz sollten, müssen diese nicht mehr dort vorkommen. Denn das führt zu überfrachteten Einstiegen. Welche W-Fragen im ersten Satz beantwortet werden müssen und wie man diese anordnen kann, erklärt das folgende Kapitel.

Auf den Punkt:

- Eine Meldung beantwortet möglichst früh möglichst viele W-Fragen.
- Nicht jede W-Frage muss jedoch im ersten Satz beantwortet werden.
- W-Fragen dienen als Checkliste und Konstruktionshilfe für den Aufbau von Meldungen.

5 Leadsatz: Der Einstieg für Einsteiger

Das Wichtigste also am Anfang. Der erste Satz entscheidet meist darüber, ob ein Text gelesen wird oder nicht. Gelingt es dem Autor, Interesse zu wecken? Oder verschreckt und verliert er seinen Leser – etwa mit unverständlichen Formulierungen oder zu vielen Informationen auf einmal?

Für den Anfang eines Nachrichtenstücks, bei dem das Wichtigste vorne steht, hat der amerikanische Journalismus den Ausdruck **Lead** geprägt. Der Ausdruck hat sich auch in Europa und im Deutschen eingebürgert.

Der Lead, auch Einstieg genannt, kann sich grundsätzlich auch über mehrere Sätze erstrecken. Wenn nur der erste Satz gemeint ist, spricht man vom **Leadsatz**. Ein guter Leadsatz enthält den Nachrichtenkern, beantwortet die wichtigsten Fragen des Lesers und leitet ihn in den weiteren Text.

5.1 Auf die Ordnung kommt es an – gerade am Anfang

Wie ordnet man also die verschiedenen Antworten auf die W-Fragen an? Das hängt von verschiedenen Faktoren ab. Zum einen spielt das Medium eine Rolle. Nachrichten, wie man sie etwa in den Meldungsspalten der Zeitungen findet, stellen häufig das Wer und das Was in den Vordergrund.

Eine Einordnung – also meist die Frage nach dem Warum – hilft dem Leser jedoch, die Nachricht besser zu verstehen. Magazine und Wochenzeitungen legen von jeher mehr Wert auf eine solche Einordnung. Aber auch bei nachrichtlichen Stücken ist die Frage nach dem Warum oft hilfreich.

Im Kapitel 2 (Nachrichtenfaktoren) haben Sie gelernt, dass auch ein räumlicher Bezug den Wert einer Nachricht für ein Medium erhöhen kann. Ein Toter bei einem Verkehrsunfall in Australien interessiert zunächst nicht in Deutschland. Aber wenn das Opfer aus Deutschland oder sogar noch aus dem Verbreitungsgebiet einer bestimmten Regionalzeitung kommt, erhält die Nachricht deutlich mehr Bedeutung.

Schließlich spielt auch das potenzielle Publikum eine Rolle. Handelt es sich um ein Thema, das allgemein bekannt ist, über das vielleicht sogar schon mehrfach berichtet wurde oder um ein Ereignis, das seit einiger Zeit läuft.

Oder handelt es sich um einen Sachverhalt, bei dem man kein oder nur wenig Vorwissen voraussetzen kann? Hier spielt das achte W eine entscheidende Rolle: Für wen schreibe ich?

Grundsätzlich gilt für die klassische Meldung ebenso wie für die meisten anderen Texte: Je weniger Vorwissen der Autor voraussetzt, desto mehr Leser kann er erreichen.

5.2 Leadsatz-Konstruktionen

Der klassische Leadsatz kommt mit einer **Subjekt-Prädikat-** beziehungsweise einer **Subjekt-Prädikat-Objekt-Konstruktion** aus und beantwortet die Fragen: „Wer hat was getan?“, beziehungsweise „Wer hat was gesagt?“

(1) *Altbundeskanzler Helmut Kohl ist tot.*
(2) *Bundeskanzlerin Angela Merkel verzichtet auf das Amt der CDU-Parteivorsitzenden.*

Ergänzt werden solche Konstruktionen häufig noch durch die Beantwortung der Fragen zum Wann, Wo (3) und Wie (4).

(3) *Ein Brand in einer Fabrik in XY hat am Montagabend einen Sachschaden von 200.000 Euro verursacht.*
(4) *Mit einem späten Tor hat Angreifer X seinen Verein Y zum Sieg über Z geschossen.*

Weischenberg (1990:64-66) nennt solche Einstiege auch **summarische Leads** und unterscheidet sie von **modifizierten Leads**. Modifizierte Leads beantworten demnach vor allem das Was und verzichten auf eine Quelle. Eine solche Konstruktion bringe die Nachricht in knapper Form auf den Punkt und verhindere, dass der erste Satz mit zu vielen Ws überfrachtet werde, erklärt Weischenberg. Er verweist jedoch auch auf die Gefahr, dass bei diesen Konstruktionen Wertungen und Meinungen übernommen werden. Als Beispiel für einen modifizierten Lead führt Weischenberg an:

(5) *Immer mehr Kinder und Kleinkinder leiden unter Heuschnupfen und Hautallergien. Dies ergab eine Umfrage unter 631 Kinderärzten, deren Ergebnis die Stiftung Deutscher Polleninformationsdienst (PID) auf einer Pressekonferenz mitteilte.*

Dieses Beispiel klingt zunächst einleuchtend. Wenn man genauer hinsieht, impliziert es jedoch eine Reihe von Annahmen, die ein Journalist nicht zweifelsfrei übernehmen kann: Ist die Umfrage repräsentativ? Ist die Stiftung Deutscher Polleninformationsdienst unabhängig oder steckt dahinter womöglich ein Lobby-Verband für Allergie- und Heuschnupfenmittel?

Das Weglassen der Quelle birgt also Risiken (siehe Kapitel 8 zu Quellen). Auf der sicheren Seite wäre man mit einer Konstruktion wie

(6) *Immer mehr Kinder und Kleinkinder leiden einer Umfrage unter Kinderärzten zufolge unter Heuschnupfen und Hautallergien.*

Wenn keinerlei Zweifel an Quelle und Aussage bestehen, sind solche Leads aber durchaus eine gute Option, weil sie dem Leser eine Einordnung bieten.

(7) *Auf die Bundesbürger kommen im nächsten Jahr höhere Preise zu. Der Bundestag beschloss in seiner Sitzung am Montag eine Anhebung der Mehrwertsteuer auf 19 Prozent.*

In einigen Fällen eignen sich auch **Wann-Wo-Einstiege**. Nicht geeignet sind solche Konstruktionen, wenn Ort und Zeit nicht von tragender Bedeutung sind.

(8) *Nicht: In Hamburg hat am Montag ein unbekannter Täter einen 39 Jahre alten Mann ermordet.*
(9) *Nicht: Am Montag hat in Hamburg ein unbekannter Täter einen 39 Jahre alten Mann ermordet.*

(10) Sondern: Ein unbekannter Täter hat am Montag in Hamburg einen 39 Jahre alten Mann ermordet.

Die Nachricht ist der Mord. Die Informationen zu Tag und Ort sind untergeordnet, was in (10) die Wortstellung signalisiert. Wenn Ort und Zeit eine besondere Bedeutung haben, sind Wann-Wo-Einstiege aber durchaus geeignet, wie (11) und (12) zeigen.

(11) In den Alpen hat es am Dienstag zum ersten Mal in diesem Winter geschneit.
(12) In der Vorweihnachtszeit droht in der Innenstadt ein Verkehrschaos.

Gerade bei Nachrichten über Unglücke und Unfälle eignen sich sogenannte **Bei-Konstruktionen**, weil sie dem Leser sofort eine Einordnung bieten.

(13) Bei einem Erdbeben in Chile sind am Mittwoch 20 Menschen ums Leben gekommen.
(14) Bei einem Großbrand in einer Druckerei in der Nacht zu Donnerstag ist ein Sachschaden von einer Million Euro entstanden.

Auch mit der Beantwortung nach dem Warum kann man in eine Meldung einsteigen.

(15) Aus Eifersucht hat ein Mann in Düsseldorf seine Ehefrau getötet.
(16) Wegen starker Unwetter ist der Bahnverkehr rund um München am Montag zeitweise zum Erliegen gekommen.
(17) Weil er der klirrenden Kälte entkommen wollte, hat sich ein Obdachloser in Paris von der Polizei festnehmen lassen.

Weil-Konstruktionen (17) ziehen immer ein Komma nach sich. Das sollte in Leadsätzen wegen des Leseflusses soweit möglich verhindert werden. Gerade bei komplexen Sachverhalten wie etwa Gerichtsurteilen (18) ist eine Weil-Konstruktion jedoch eine Option, um das Thema so knapp wie möglich in den ersten Satz zu bekommen.

(18) Weil er mit prorussischen Nationalisten in der Ukraine gekämpft hat, muss ein Deutschrusse für zwei Jahre ins Gefängnis.

Ein **Schlagzeilen-Einstieg** kann eine willkommene Variation darstellen. Er ist keineswegs nur Boulevard-Medien vorbehalten, ist aber tendenziell etwas peppiger und sollte in der Regel dem Thema angemessen verwendet werden – auch wenn es Ausnahmen wie Beispiel (19) gibt.

(19) Wechsel an der Spitze des FDP-Kreisverbandes: Peter Y wurde am Dienstag ohne Gegenstimme zum neuen Vorsitzenden gewählt.

(20) Trauer um Helmut Kohl: Der Altkanzler starb am Freitag in seinem Haus in Oggersheim, wie die CDU bestätigte.

Anders als in den anderen Leadsatz-Konstruktionen ist in dem Teil nach dem Doppelpunkt übrigens das Imperfekt die richtige Zeit. Mehr zum Thema Zeiten im Leadsatz gibt es in Kapitel 7.

5.3 Tipps für einen gelungenen Leadsatz

Es lohnt sich, ein wenig Zeit in den ersten Satz zu investieren. Das gilt nicht nur für die Meldung, sondern eigentlich für jeden Text. Denn wer sich das Beste für den Schluss aufhebt, läuft Gefahr, dass seine Leser vorher aussteigen und gar nicht so weit kommen.

1. **Fassen Sie sich kurz**
   Nicht alle W-Fragen müssen im ersten Satz beantwortet werden. Schieben Sie alles, was nicht für das Verständnis notwendig ist, nach hinten. Streichen Sie Füllwörter. Weniger ist oft mehr.

2. **Vermeiden Sie Einschübe und Kommas**
   Umgehen Sie alles, was den Lesefluss erschwert.

   (21) Nicht: Leonardo da Vincis weltberühmte „Mona Lisa", zur Zeit Leihgabe in einer Moskauer Ausstellung, wird des außergewöhnlichen Andrangs wegen für die Bürger der russischen Hauptstadt noch länger lächeln.

   (22) Sondern: Wegen des großen Andrangs ist Leonardo da Vincis weltberühmtes Gemälde „Mona Lisa" als Leihgabe noch länger in einer Ausstellung in Moskau zu sehen.

3. **Ordnen Sie ein**

Geben Sie dem Leser Anhaltspunkte, damit er den Kontext der Meldung schneller versteht:

(23) Im Tarifstreit der Metallindustrie hat die Gewerkschaft die Verhandlungen abgebrochen.

(24) Wegen des Mordes an zwei Arbeitskollegen muss ein 40 Jahre alter Bauarbeiter lebenslang ins Gefängnis.

(25) Zwei Tage nach dem verheerenden Brand in einem Wohnhaus in München mit drei Toten ist die Ursache noch immer unklar.

4. **Spitzen Sie zu – aber bleiben Sie bei der Wahrheit**

„Erstmals", „der größte", „nie dagewesen" – das sind Signalwörter, die neugierig machen und zum Lesen anregen. Aber Vorsicht! Solche Aussagen müssen stimmen und abgesichert sein. Seien Sie misstrauisch! Wenn Sie keine unabhängige Bestätigung für die Aussage haben, können Sie diese nur mit der eindeutigen Zuschreibung zu einer Quelle verwenden (siehe Kapitel 8 zu Quellen). Im Zweifelsfall lassen Sie es besser weg.

(26) Nicht: Das Jahr 2018 war das heißeste seit Beginn der Wetteraufzeichnungen.

(27) Sondern: Das Jahr 2018 war nach Angaben des Deutschen Wetterdienstes das heißeste seit Beginn der Wetteraufzeichnungen.

5. **Benutzen Sie starke Verben**

Wolf Schneider, Stilpapst für Generationen von Journalisten, bezeichnet starke Verben als „Königswörter". Vermeiden Sie Hilfsverben (*hat, ist*), schwer verständliche Fremdwörter auf *-ieren* oder „Luftwörter" ohne Inhalt wie *erfolgen, bewerkstelligen* oder *aufweisen*. Das Deutsche bietet mit seinen Verben viele Möglichkeiten, die selbst einer vermeintlich grauen Textform wie der Meldung Farbe und Kraft verleihen.

(28) Langweilig: Fußball-Zweitligist SV Darmstadt 98 hat gegen Lokalrivalen Kickers Offenbach 6:0 gewonnen.

Besser: Fußball-Zweitligist SV Darmstadt 98 hat Lokalrivalen Kickers Offenbach mit 6:0 vom Platz geschossen.

(29) *Langweilig: Kardinal XY hat Abtreibung als Mord kritisiert.*
Besser: Kardinal XY hat Abtreibung als Mord gegeißelt.

Praktisch:

Nehmen Sie sich eine Tageszeitung zur Hand. Überprüfen Sie die Verben in den Leadsätzen. Haben Sie bessere Ideen?

6 Meldungslänge: Nicht lang und nicht zu kurz

Wie lang ist eigentlich eine Meldung? Um eine Antwort auf diese Frage habe ich mich bereits in Kapitel 1 gedrückt. Und jetzt muss ich Sie womöglich enttäuschen: Eine allgemeingültige Antwort darauf gibt es nicht. Aber wieso das so ist, kann ich erklären.

Der Journalismus und seine Stilformen werden wie unsere gesamte Kommunikation immer auch von den technischen Möglichkeiten und Anforderungen geprägt. Das zeigt sich beim Thema Textlänge ganz besonders deutlich. Dabei spielt der Faktor Geschwindigkeit eine entscheidende Rolle.

6.1 Geschwindigkeit – damals wie heute und doch anders

Um das an einem Beispiel anschaulich zu machen: In meiner Zeit als Redakteur bei der Nachrichtenagentur Associated Press (AP) habe ich noch in den ersten Jahren dieses Jahrtausends folgende Szene mehrfach pro Tag erlebt: Im Großraumbüro wird konzentriert gearbeitet. Die Redakteure bearbeiten Meldungen und geben diese auf den „Draht“, so dass sie über verschiedene Kanäle an die Kunden gelangen.

Plötzlich klingelt das Telefon. Der Chef vom Dienst hebt ab. Sein Gesicht wird ernst. Er ruft: „Berlin hat eine Eilmeldung. Nichts schicken!“ Ein Redakteur steht auf: „Ich sage der Auslandsredaktion Bescheid.“ Er geht strammen Schrittes um die Ecke, wo die Auslandsredaktion ihre Arbeitsplätze hat und ruft den Kollegen zu: „Berlin hat eine Eilmeldung. Nichts schicken!“

Das Nachrichtengeschehen steht still, bis der Rücktritt des Ministers, der Tod eines Prominenten oder der Entschluss des Bundestags über den Draht gegangen ist. Erst dann gibt es wieder Leitungskapazität für die weniger brisanten Themen.

Dieses Szenario mutet heute kurios an. Der Grund dafür waren die damaligen Übertragungsgeschwindigkeiten. Weil diese gemessen an heutigen

Standards lächerlich gering waren, musste man den wichtigen Nachrichten Vorrang gewähren, damit sie möglichst schnell beim Kunden ankamen.

Die Leitungskapazität ist heute für die schnelle Übermittlung von Nachrichten in der Regel kein Hindernis mehr. Dafür hat der Aktualitätsdruck deutlich zugenommen. Viele Meldungen erscheinen nicht erst am nächsten Tag in der Zeitung, sondern werden auf Internetseiten, Tickern oder bei Twitter ausgespielt. Wer da zuerst kommt, hat die größte Aufmerksamkeit, wird vielleicht sogar als Quelle genannt.

In der Einleitung dieses Buches habe ich die These von Komprimierung und Extension aufgestellt. Hier werden diese gegenläufigen Tendenzen besonders deutlich. Einerseits können heute Unmengen von Daten in Sekundenbruchteilen übertragen werden. Anderseits sorgt der immer höhere Aktualitätsdruck dafür, dass Nachrichten immer weiter komprimiert werden.

6.2 25-Zeiler und Einspalter

In den Lehrbüchern aus meiner Anfangszeit als Journalist gab es unterschiedliche Angaben zur Länge einer Meldung. Nach Weischenberg (1990) ist eine Meldung nicht länger als 25 Druckzeilen. Er bezeichnet sie auch als klassischen Einspalter, also Texte, die nicht länger als eine Druckspalte sind. La Roche (1997) schrieb zur Meldung, dass diese „in der Regel nicht länger als 20 Zeilen oder etwas über eine Sendeminute“ sei.

Gemeinsam haben diese Definitionen, dass die Zeitung als Referenzobjekt im Mittelpunkt steht. Allerdings war schon damals die Zeilenzahl eine sehr schwammige Größe, variiert die Länge einer Zeile doch von Zeitung zu Zeitung teils deutlich. Mit dem Internet hat sich das ohnehin geändert.

Eine zeitgemäße Definition der Meldungslänge ließe sich über die Zahl der Wörter oder Zeichen erzielen. Die Angaben in der Literatur schwanken jedoch teils deutlich zwischen 100 und 200 Wörtern beziehungsweise 400 bis 1000 Zeichen. Eine allgemeine, griffige Definition der Meldungslänge gibt es also nicht.

6.3 Wellenbewegungen

Als Redakteur bei verschiedenen Nachrichtenagenturen habe ich über die Jahre zudem deutliche Wellenbewegungen bei der Meldungslänge erlebt. Zunächst ging es darum, die Meldungen kurz zu halten, um mit der Information möglichst schnell auf dem Markt zu sein. Dabei gab es Vorgaben von maximal zehn Agenturzeilen (ca. 20 Zeitungszeilen).

Eine solche Länge war jedoch für die wachsende Zahl von Online-Medien zu kurz, um den Inhalt in einem ansprechenden Layout mit einem eingebundenen Bild auf ihren Seiten ansprechend darzustellen.

Inzwischen dürfen Meldungen – wenn es das Thema hergibt – auch deutlich länger sein. Bis zu 25 Agenturzeilen, also ca. 50 Zeitungszeilen, sind durchaus möglich. Nach dem klassischen Verständnis entspricht das der Länge eines Berichts.

Um die Anforderung an die Geschwindigkeit zu erfüllen und plötzliche Ereignisse von weitreichender Bedeutung zu übermitteln, haben die Nachrichtenagenturen nach wie vor Eil-Meldungen mit zwei oder drei Sätzen. Diese können in Internet-Ticker oder Nachrichten-Laufbänder eingespeist werden. Eine ausführliche, für Internetseiten taugliche Meldung folgt dann zeitnah. Dass für die Übermittlung solcher Meldungen der Nachrichtenstrom angehalten wird, gehört aber schon lange der Vergangenheit an.

Auf den Punkt:

- Die klassische Definition der maximalen Länge einer Meldung orientiert sich am Zeitungslayout und beträgt 20 bis 25 Zeitungszeilen.
- Zeitgemäße Definitionen nach der Zahl der Wörter oder Zeichen haben eine deutliche Spannbreite. Sie liegt je nach Quelle zwischen 100 und 200 Wörtern beziehungsweise 300 bis 1000 Zeichen.
- Wie lang eine Meldung ist, bestimmen stets auch die technischen Möglichkeiten und Anforderungen.

7 Zeiten: Perfekt nur zum Auftakt

Ein Imperfekt im ersten Satz einer Meldung – darüber kann man tatsächlich heftig in Streit geraten. Das ist mir vor einiger Zeit mit einem Kollegen passiert. Er war wie ich ein erfahrener Journalist, allerdings mit einem anderen Werdegang. „XY war der Mann des Tages: Beim Motorradrennen in Z holte er den ersten Platz", hatte er im ersten Satz geschrieben. Doch der Redaktionsleitfaden verbot explizit das Imperfekt im ersten Satz einer Meldung. Wir gerieten uns deswegen ziemlich in die Haare.

In der klassischen Meldung gibt es für den ersten Satz nur zwei Zeiten: Perfekt und Präsens. Futur ist in der Regel überflüssig. Imperfekt für harte Nachrichten ist nicht angebracht.

Perfekt steht für alles, was abgeschlossen ist.

(1) *Bundeskanzlerin Angela Merkel ist zu einem zweitägigen Staatsbesuch in Großbritannien eingetroffen.*
(2) *Der FC Bayern München hat das Spitzenspiel der Fußball-Bundesliga gegen Borussia Dortmund gewonnen.*
(3) *Bei einem Unfall auf der Autobahn 3 bei Köln sind zwei Menschen ums Leben gekommen.*

Präsens im ersten Satz steht für Dinge, die noch andauern.

(4) *Die anhaltende Trockenheit behindert zunehmend den Schiffsverkehr auf dem Rhein.*
(5) *Zwei Tage nach dem Verschwinden eines Rentners aus einem Altenheim in Bielefeld fehlt von dem Mann noch immer jede Spur.*

Präsens steht auch für zukünftige Ereignisse.

(6) *Die Gewerkschaft verdi strebt bei den anstehenden Tarifverhandlungen eine Lohnsteigerung von fünf Prozent an.*
(7) *Angela Merkel tritt bei der nächsten Wahl nicht mehr für das Amt der Bundeskanzlerin an.*

In beiden Beispielen ist das Futur zwar möglich, das Präsens erfüllt aber den gleichen Zweck und ist die kompaktere Formulierung.

7.1 Imperfekt ist nicht völlig tabu

Das Imperfekt kann bei bunten Meldungen (siehe Kapitel 12) und erzählerischen Formen (Feature, Reportage) zum Einstieg verwendet werden. Auch im Hörfunk findet man es gelegentlich. Damit sollen für den Hörer schwer verständliche Klemmkonstruktionen (Weischenberg 1990:107) vermieden werden, bei denen Wörter zwischen dem Hilfsverb (hat, ist) und dem Partizip Perfekt (gesagt, getan, gewesen usw.) eingeklemmt werden.

Zur Ehrenrettung des Kollegen aus der Einleitung dieses Kapitels kann man also sagen: Er hatte mit dem Imperfekt einen bunten Einstieg gewählt (siehe Kapitel 5 Leadsätze). Die harte Nachricht wäre jedoch gewesen: „XY hat das Motorradrennen in Z gewonnen." Kurz, knapp und auf den Punkt.

Zur Ehrenrettung des Imperfekts: Egal ob der Leadsatz im Perfekt oder Präsens steht – das Imperfekt ist in der Folge die durchgehende Erzählzeit der Meldung.

Auf den Punkt:

- Perfekt und Präsens sind die Zeiten für den Leadsatz einer Meldung.
- Imperfekt ist die übliche Erzählzeit für den weiteren Verlauf einer Meldung.

8 Quellen: Fakten, Fakten, Fakten

Anders als etwa bei einer Reportage haben subjektive Wahrnehmungen und persönliche Wertungen in einer Meldung nichts zu suchen. Ziel ist eine unparteiische Darstellung eines Sachverhalts. Wo das an Grenzen stößt, werden Sie unter anderem in Kapitel 24 zur Objektivität sehen. Eine grundlegende Anforderung an einen Journalisten ist jedoch, dass er seine Aussagen transparent macht und belegt.

Wichtig ist dabei, dass für den Leser klar wird, woher die Informationen stammen. Der Journalist macht das mit einer deutlichen Zuordnung der Informationen zu ihren Quellen. Das zieht sich durch den gesamten Text, ist aber für den Einstieg besonders wichtig.

Im ersten Satz liest sich eine knackige Aussage ohne Quelle immer besser. Aber manchmal ist sie dort unverzichtbar. Als Jungredakteur sah ich einmal einen Fernsehbeitrag, in dem der Autor sehr plausibel belegt und herausgearbeitet hatte, dass Adolf Hitler homosexuell war. Ich schrieb darüber eine Meldung, die mit dem Satz begann. „Adolf Hitler war homosexuell. Das ergab eine Studie des Historikers X“.

Die Meldung wurde mir prompt um die Ohren gehauen – und das völlig zu Recht, wie ich schließlich auch einsah. Ich hatte mir die Auffassung, die Erkenntnis einer Person zu eigen gemacht und sie als Tatsache dargestellt. Die Quelle wäre hier zwingend nötig gewesen: „Adolf Hitler war einer Studie zufolge homosexuell.“

Darüber hinaus: Was bei einer Person wie Hitler aus historischer Perspektive möglicherweise von Bedeutung gewesen sein könnte, gilt natürlich nicht für lebende Menschen. Da ist die sexuelle Orientierung Privatsache. Wenn Medien dagegen verstoßen, kann das richtig teuer werden (siehe Kapitel 15 Bunte Meldungen).

8.1 Wann die Quelle in den ersten Satz muss – und wann nicht

Die klassische Lehre der Meldung erwartet, dass alle W-Fragen im ersten Satz beantwortet werden. Mittlerweile wird das aber deutlich lockerer gesehen. Schließlich würden die Leadsätze mit allen Ws sonst häufig überladen. Eines der Ws, die häufig für den zweiten Satz aufgehoben werden, ist die Frage nach der Quelle (Woher?).

Das lässt sich relativ unproblematisch bei Tatsachen machen, die für jeden ersichtlich oder leicht nachprüfbar sind.

(1) Bayern München ist erneut Deutscher Fußball-Meister.
(2) Angela Merkel tritt nicht mehr als CDU-Vorsitzende an. Das gab sie am Freitag in Berlin bekannt.

Von großer Bedeutung sind dabei auch die Zuverlässigkeit und Unabhängigkeit der Quelle.

(3) Gut jeder vierte Deutsche raucht.

Wenn diese Information vom Statistischen Bundesamt stammt, wäre es gerechtfertigt, die Quelle zunächst wegzulassen. Wenn die Information vom Deutschen Zigarettenverband stammt, wäre dagegen etwas Vorsicht angebracht.

Auch im weiteren Verlauf einer Meldung ist es wichtig, Tatsachen von Meinungen und Äußerungen klar zu unterscheiden. Tritt etwa in der Meldung noch eine weitere Quelle auf, so ist diese auch deutlich zu kennzeichnen.

8.2 Vorsicht auch bei Behördenangaben

Grundsätzlich ist in jedem Fall eine gesunde Portion Misstrauen angebracht – auch gegenüber Behörden. Ein gutes Beispiel sind hier die Angaben der Polizei zu Demonstrationsteilnehmern, die meist deutlich niedriger sind als die der Veranstalter. Kann ein Journalist, der nicht selbst nachgezählt hat, sich da ein Urteil erlauben? Nein! Die Lösung lautet: beide Seiten darstellen.

(4) *Hunderte Menschen haben in Frankfurt gegen Rechtsextremismus und für eine weltoffene Stadt demonstriert. Die Polizei schätzte die Zahl der Teilnehmer auf 300, die Veranstalter sprachen von 900 Menschen.*

8.3 Reine Quellensätze sind oft unschön

Die Quelle ist also in vielen Fällen im zweiten Satz einer Meldung gut aufgehoben. Dort lässt sich unter Umständen auch noch das Wann unterbringen. Den zweiten Satz nur mit der Quelle zu gestalten, ist grundsätzlich in Ordnung (5).

Es ist allerdings in vielen Fällen nicht besonders elegant, weil es abgehackt klingen kann. Besser ist es, im zweiten Satz neben der Nennung der Quelle noch weitere Informationen zu liefern (6). Das hat den Vorteil, dass der Leser in den Text hineingezogen wird.

(5) *Bei einer Gasexplosion in XY sind vier Menschen ums Leben gekommen. Das teilte die Feuerwehr am Freitag mit.*
(6) *Bei einer Gasexplosion in XY sind vier Menschen ums Leben gekommen. Sieben Menschen hätten teils lebensgefährliche Verletzungen erlitten, teilte die Feuerwehr am Freitag mit.*

8.4 „Aus Regierungskreisen“ oder „unter drei“?

Einen Sonderfall gibt es bei Informationen, die ein Journalist unter der Hand bekommt – vornehmlich in der Politikberichterstattung. Diese Informationen werden oft mit „unter eins“, „unter zwei“ oder „unter drei“ klassifiziert.

„Unter eins“ bedeutet zur freien Verwendung mit Nennung der Quelle. „Unter zwei“ heißt, dass die Information zwar verwendet, die Quelle aber nicht genannt werden darf. Das spiegelt sich in Quellenangaben wie „aus Regierungskreisen“ oder „nach Informationen dieser Zeitung“.

„Unter drei“ sind Informationen, die nur für den Hintergrund eines Journalisten, aber nicht zur Veröffentlichung bestimmt sind. Sie verschaffen dem Journalisten einen Wissensvorsprung, helfen ihm, bestimmte Themen oder Haltungen einzuschätzen.

Wenn das Thema besonders groß oder heikel ist, kann er versuchen, von einer anderen Seite eine Bestätigung dafür zu erhalten. Ob es in Ausnahmefällen auch einmal angebracht sein könnte, sich über die „Unter drei“-Vorgabe des Informanten hinwegzusetzen, ist eine Frage, die nur von Fall zu Fall geklärt werden kann.

Auf den Punkt:

- Seriöser Journalismus erfordert, dass dem Leser die Quellen transparent gemacht werden.
- Aussagen und Wertungen müssen mit einer Quelle belegt und dieser eindeutig zugeordnet werden.
- Ob die Quelle gleich im ersten Satz einer Nachricht genannt wird, hängt von der Zuverlässigkeit der Quelle und der Information ab.

9 Zitieren: direkt, indirekt – aber vor allem richtig!

Eng verbunden mit der korrekten Behandlung von Quellen ist das Zitieren. Es gehört ebenfalls zur journalistischen Sorgfaltspflicht, Aussagen, Zitate oder Teile davon als solche auszuweisen und damit einer Quelle zuzuordnen. Dabei gibt es einige sprachliche Fallstricke, die immer wieder zu Fehlern führen. Aber an sich ist es gar nicht so schwer. Nehmen Sie folgende Beispiele:

(1) *Richtig: „Er ist ein Idiot", sagte der Autofahrer über den Unfallgegner.*
(2) *Richtig: Der Unfallgegner sei ein Idiot, sagte der Autofahrer.*
(3) *Falsch: Der Unfallgegner ist ein Idiot. Das sagte der Autofahrer.*

Bei (1) handelt es sich um ein wörtliches Zitat, das einer Person zugeordnet wird. Bei (2) wird die Aussage in indirekter Rede wiedergegeben. Die Konstruktion in (3) besteht aus einer Tatsachenbehauptung im ersten Satz. Dass es sich dabei um die Meinung des Autofahrers handelt, wird erst im zweiten Satz klar. Das ist unzulässig. (siehe Kapitel 8 zu Quellen).

9.1 Wörtliche Zitate und Teilzitate

Wörtliche Zitate sind für journalistische Texte in der Regel gut. Sie machen den Text lebendig und authentisch. Bei Meldungen steht jedoch der Informationsgehalt im Vordergrund. Deswegen empfiehlt es sich, nur die Schlüsselaussagen als direkte Rede wiederzugeben.

Manchmal ist das entsprechende Zitat jedoch zu lang für eine Meldung. Wenn der Journalist es live erfasst hat, enthält es zudem oft grammatikalische Unstimmigkeiten des Zitatgebers. Vielleicht sind die handschriftlichen Aufzeichnungen auch lückenhaft. Unter Umständen helfen hier Teilzitate.

(4) *Als Motiv gab der Täter an, die Frau sei „zu hart" mit dem Hund umgegangen*

Doch nicht immer kommt man mit Zitaten und Teilzitaten weiter. Für vorgelesene Texte im Radio oder auch im Fernsehen sind wörtliche Zitate ohnehin kompliziert einzubauen (siehe Kapitel 16 zu Radiomeldungen). In solchen Fällen hilft die indirekte Rede.

9.2 Indirekte Rede: keine Gewähr

Die indirekte Rede ist eines der Hauptwerkzeuge für den Nachrichtenjournalisten. Wieso? Das geht aus der Beschreibung des Dudens einleuchtend hervor: „In der indirekten Rede wird eine Äußerung oder ein Gedanke nicht genau so wiedergegeben, wie tatsächlich geäußert oder gedacht, sondern mittelbar über einen Berichterstatter ... Der Sprecher/Schreiber übernimmt dabei keine Gewähr für die Gültigkeit der wiedergegebenen Aussage."

Tatsächlich können Journalisten für einen großen Teil der Informationen keine hundertprozentige Gewähr übernehmen, weil die Möglichkeit fehlt, Dinge selbst vor Ort zu begutachten oder mit wissenschaftlichen Methoden nachzuprüfen.

Das entbindet den Journalisten natürlich nicht von der Pflicht, Informationen auf ihre Plausibilität zu überprüfen. Doch selbst nach so einer Überprüfung kann oft nur weitertransportiert werden, was jemand gesagt hat.

9.3 Konjunktiv I und II: gebe oder gäbe?

Normalerweise verwendet man für indirekte Rede den Konjunktiv I. Aus „ist" wird „sei", aus „hat" wird „habe" und aus „gibt" wird „gebe" – das sind die häufigsten Fälle im Nachrichtenalltag.

(5) *Direkt: Die Bundeskanzlerin sagte: „Ich bin enttäuscht."*
Indirekt: Die Bundeskanzlerin sagte, sie sei enttäuscht.

(6) *Direkt: Der Sprecher sagte: „Das hat damit nichts zu tun."*
Indirekt: Der Sprecher sagte, das habe damit nichts zu tun.

(7) *Direkt: Der Bürgermeister sagte: „Dafür gibt es kein Geld."*
Indirekt: Der Bürgermeister sagte, dafür gebe es kein Geld.

Falls der Konjunktiv I mit dem Indikativ identisch ist, kann man den Konjunktiv II benutzen. Falls der Konjunktiv II mit dem Indikativ identisch ist, kann man eine Form mit „würde“ bilden.

(8) *Direkt: „Zahlreiche freiwillige Helfer springen bei der Dammsicherung ein“, sagte ein Feuerwehrsprecher.*
Indirekt im Konjunktiv I wäre: Ein Feuerwehrsprecher sagte, zahlreiche freiwillige Helfer springen bei der Dammsicherung ein.
In diesem Beispiel stimmen Konjunktiv I und der Indikativ überein, so dass man auf den Konjunktiv II ausweicht:
Ein Feuerwehrsprecher sagte, zahlreiche freiwillige Helfer sprängen bei der Dammsicherung ein.

(9) *Direkt: „Die Vorbereitungen auf die 1000-Jahr-Feier laufen auf Hochtouren“, sagte der Bürgermeister.*
Indirekt im Konjunktiv I wäre: Der Bürgermeister sagte, die Vorbereitungen auf die 1000-Jahr-Feier laufen auf Hochtouren.
Indirekte Rede im Konjunktiv II als Ersatzform: Der Bürgermeister sagte, die Vorbereitungen auf die 1000-Jahr-Feier liefen auf Hochtouren.
In diesem Beispiel stimmen Konjunktiv II und der Indikativ Imperfekt überein. Der Konjunktiv wird nicht eindeutig angezeigt. Es entsteht der Eindruck, dass eine Vergangenheitsform ausgedrückt wird. Ein Ausweichen auf den Konjunktiv mit „würde“ ist nötig:
Der Bürgermeister sagte, die Vorbereitungen auf die 1000-Jahr-Feier würden auf Hochtouren laufen.

Die Auflösung zur Frage „gebe oder gäbe?“ aus der Überschrift auf der vorangegangenen Seite lautet: „Er gibt“ wird in indirekter Rede zu „Er gebe“, also zum Konjunktiv I. Der Konjunktiv II „gäbe“ wird hier nicht benötigt.

Praktisch:

Suchen Sie einen Redetext im Internet. Gut geeignet sind Preisverleihungen oder die Seiten von Politikern. Geben Sie den Text in indirekter Rede wieder.

9.4 Quellennennung und Indikativ

Für den Leadsatz bei Meldungen gilt in den allermeisten Fällen die Regel: keine indirekte Rede, keine wörtlichen Zitate. Das erhöht die Verständlichkeit für den Leser.

Wenn die Information noch nicht ganz gesichert ist oder es sich um eine Meinungsäußerung handelt, bieten sich Konstruktionen mit „nach Aussage von", „laut" oder „den Angaben von XY zufolge" an (siehe auch die Kapitel zu Leadsatz-Konstruktionen 5.2 und Quellen 8.1).

Solche Konstruktionen mit einem unmittelbaren Quellenbezug stehen im Indikativ – nicht nur im Leadsatz, sondern auch im weiteren Verlauf des Textes. Denn mit Nennung der Quelle ist klar, dass es sich um eine Aussage oder Meinungsäußerung und nicht um eine Tatsache handelt.

(10) Bundesfinanzminister XY tritt nach Informationen aus Regierungskreisen zurück.
(11) Der vergangene Sommer war laut Deutschem Wetterdienst der heißeste seit Beginn der Temperaturaufzeichnungen.
(12) Die deutsche Wirtschaft ist einer Studie zufolge die robusteste in Europa.

Achtung: Indikativ steht auch bei Konstruktionen mit „wie" und einem Kommunikationsverb. Das wird sehr häufig falsch gemacht.

(13) Falsch: Bei dem Unfall kamen zwei Menschen ums Leben, teilte die Polizei mit.
(14) Richtig: Bei dem Unfall kamen zwei Menschen ums Leben, wie die Polizei mitteilte.
(15) Richtig: Bei dem Unfall seien zwei Personen ums Leben gekommen, teilte die Polizei mit.

9.5 Verben der Mitteilung – Vorsicht vor Wertungen

Das Wort *„sagen"* ist grundsätzlich neutral, wenn es um die Zuschreibung eines Zitats geht, und funktioniert in den meisten Fällen. Es eignet sich aber beispielsweise nicht, wenn die Aussage von einer Institution stammt.

> *(16) Falsch: Das Auto sei zu schnell gefahren, sagte die Polizei.*
> *(17) Richtig: Das Auto sei zu schnell gefahren, sagte ein Polizeisprecher.*
> *(18) Richtig: Das Auto sei zu schnell gefahren, teilte die Polizei mit.*

Zum Wort *„erklären"* gibt es geteilte Meinungen.

> *(19) Die US-Regierung hat dem Terrorismus den Krieg erklärt.*
> *(20) Deswegen trete er zurück, erklärte er*
> (21) *Die Aussage sei falsch, erklärte ein Regierungssprecher.*

Die Beispiele (19) und (20) sind relativ unstrittig. Bei Beispiel (21) gibt es unterschiedliche Sichtweisen je nach Redaktion und journalistischer Schule. Der Einwand dagegen: Erklären hat eine erzieherisch-pädagogische Konnotation. Hat das der Regierungssprecher wirklich erklärt und damit einen Sachverhalt verdeutlicht? Oder hat er es einfach nur gesagt?

Vorsicht gilt auch bei den Verben *„meinen"* und *„betonen"*.

> *(22) Der Vorstoß der Opposition sei falsch, meinte der Minister.*

Bei Beispiel (22) wissen Sie nicht, ob der Minister das tatsächlich gemeint hat. Vielleicht hat er nur aus taktischen Gründen gesagt, dass der Vorstoß falsch sei, aber im Hinterzimmer bereits mit der Opposition verhandelt. Sie können sich nicht in den Minister hineinversetzen, um zu wissen, ob er das wirklich gemeint hat.

> (23) *Er sei gegen den Vorstoß der Opposition, betonte der Minister.*

Beispiel (23) impliziert, dass der Minister etwas mit Nachdruck und womöglich wiederholt gesagt hat. War das tatsächlich so?

Eine weit verbreitete Unsitte ist es zudem, Verben für Zitate zu verwenden, die keine Kommunikationsverben sind:

(24) „Das ist schön", lachte er.
(25) „Der Mann kann gehen", entließ der Präsident den Trainer.
(26) „Das macht mich wütend", schlug er mit der Faust auf den Tisch.

Beispiel (24) mag in einem erzählerischen Text je nach Geschmack noch durchgehen, bei Beispiel (25) und (26) ist die Grenze jedoch definitiv überschritten. In einer nachrichtlichen Meldung haben solche Formulierungen nichts zu suchen.

Auf den Punkt:

- Korrektes Zitieren ist oberste Journalistenpflicht. Für den Leser muss klar erkennbar sein, wer was gesagt hat, was Meinungen und was Tatsachen sind.
- Bei Meldungen beschränken sich wörtliche Zitate in der Regel auf die Kernaussagen.
- Ansonsten ist für die Wiedergabe von Aussagen die indirekte Rede erste Wahl.
- Vorsicht bei Verben der Mitteilung. Hier können oft unbeabsichtigt Wertungen entstehen.

10 Ortsmarken: Wo bin ich?

In der Regel beginnt eine Meldung oder ein Bericht mit einer sogenannten Ortsmarke. Das ist der Ortsname, der vor dem Leadsatz steht. Sie soll das folgende Geschehen verorten und dem Leser so eine erste Orientierung ermöglichen.

Grundsätzlich gibt die Ortsmarke den Ort des Geschehens beziehungsweise den Standort des Verfassers an. Dabei können bisweilen Probleme entstehen. Bei den meisten Meldungen ist die Frage der Ortsmarke jedoch relativ unproblematisch.

Wird zum Beispiel eine Pressemitteilung mit der Aussage eines Politikers oder eines Ministeriums in Berlin veröffentlicht, lautet die Ortsmarke Berlin.

(1) *Berlin – Das Bundeswirtschaftsministerium hat die US-Strafzölle auf Stahl kritisiert.*

Wenn es zwei Orte des Geschehens gibt, also wenn in unserem Beispiel die US-Regierung auf die Kritik reagiert, ist eine Doppelortsmarke möglich

(2) *Berlin/Washington – Das Bundeswirtschaftsministerium hat die US-Strafzölle auf Stahl kritisiert. Die US-Regierung reagierte darauf mit Unverständnis.*

Drei oder mehr Ortsmarken sind manchmal möglich, allerdings optisch eher unschön und für den Leser verwirrend.

(3) *Berlin/Peking/Washington – Die deutsche und die chinesische Regierung haben die US-Strafzölle auf Stahl kritisiert. Die US-Regierung reagierte darauf mit Unverständnis.*

Hier ist es ratsam, sich auf die Hauptschauplätze zu konzentrieren. Das sind in (3) Berlin und Washington.

10.1 Agentur- und Autorenkürzel

Nach der Ortsmarke folgt oft in Klammern noch ein Agentur- oder Autorenkürzel – oder eine Mischung daraus, wenn der Text sowohl mit Agenturmaterial als auch mit eigenem Material des Mediums erstellt wurde. Das schafft Transparenz für den Leser.

(4) *Berlin (dpa) – Angela Merkel tritt nicht mehr für das Amt der Bundeskanzlerin an.*
(5) *Berlin (dpa/rtr) – Angela Merkel tritt nicht mehr für das Amt der Kanzlerin an.*
(6) *Berlin (dpa/eigener Bericht) – Angela Merkel tritt nicht mehr für das Amt der Kanzlerin an.*

Beispiel (4) besagt, dass der Text auf einer Meldung der Nachrichtenagentur Deutschen Presse-Agentur (dpa) basiert, Beispiel (5) steht für eine Meldung, bei der Material der Nachrichtenagenturen dpa und Reuters verwendet wurde. Oft werden Agenturmeldungen auch mit Material eines eigenen Reporters oder Redakteurs erweitert, was dann wie in (6) oder ähnlicher Form dargestellt wird.

Im Internet finden sich diese Angaben anders als in Zeitungen immer häufiger auch unter den Beiträgen.

10.2 Ortsmarken sollen Transparenz für den Leser schaffen

Problematisch wird es, wenn die Ortsmarke suggeriert, dass der Autor vor Ort war, obwohl er das gar nicht war. Das betrifft weniger die kurzen Meldungen. Es kann aber bei längeren Formen durchaus ein Thema werden – vor allem, wenn szenische Beschreibungen vorkommen, die nicht vom Autor stammen und die nicht eindeutig einer Quelle (Video, Augenzeugenbericht) zugeordnet werden.

In meiner Anfangszeit als Redakteur bei der Nachrichtenagentur AP, die für einen strikten Journalismus nach anglo-amerikanischem Vorbild stand, wurde das Thema sehr streng gehandhabt. In anderen Redaktionen habe ich beim Thema Ortsmarken durchaus mehr Freizügigkeit erlebt.

In Zeiten, da man lebhafte Reportagen mit Material aus dem Internet schreiben kann und die Medien zunehmend an Glaubwürdigkeit verlieren, ist es wichtig, dem Leser gegenüber Transparenz zu zeigen: Wenn man nicht vor Ort war, sollte man auch nicht den Eindruck erwecken – auch nicht bei Meldung oder Bericht.

10.3 Doppelung vermeiden

Zum Abschluss des Themas noch ein Fehler, der häufig gemacht wird: die Doppelung von Ortsmarke mit dem Anfang des Leadsatzes. Das sorgt für einen unschönen Gleichklang. Es lässt sich aber leicht vermeiden.

(7) *NICHT: Frankfurt – Frankfurter Wissenschaftler haben mit den Tests für ein neues Krebsmedikament begonnen.*
(8) *SONDERN: Frankfurt – Wissenschaftler der Universitätsklinik Frankfurt haben mit den Tests für ein neues Krebsmedikament begonnen.*
(9) *NICHT: Darmstadt – In Darmstadt hat die Polizei in einer Wohnung eine Leiche gefunden.*
(10) *SONDERN: Darmstadt – Die Polizei hat in einer Wohnung in Darmstadt eine Leiche gefunden.*

Auf den Punkt:

- Eine Ortsmarke steht in der Regel vor dem Leadsatz.
- Sie schafft Transparenz über die Herkunft der Informationen.
- Agentur- und Autorenkürzel schaffen Transparenz, wer zu dem Text beigetragen hat.

11 Die Überschrift: Informieren statt verwirren

Die Überschrift ist in der Regel das Erste, was ein Leser von einem Text liest. Sie ist damit mindestens genauso wichtig wie der Einstieg. Es gilt also, den Leser bereits mit dem Titel zu packen. Doch Vorsicht: Studien zum Leseverhalten (Simon 2007) haben ergeben, dass originelle Überschriften oft dazu führen, dass die Leser aussteigen.

Vermeintlich langweilige, sachlich informierende Überschriften bringen dagegen in der Regel wesentlich mehr Menschen zum Lesen. Der Grund ist einleuchtend: Versteht der Leser nicht schon mit der Überschrift, worum es im folgenden Text geht, ignoriert er ihn.

11.1 Inhaltliche Varianten

Bei der Meldung sollte die Überschrift wie der Leadsatz den Kern der Nachricht wiedergeben. Anders als beim Leadsatz haben Überschriften jedoch meist eine formale Grenze: den Platz.

Das gilt vor allem für Zeitungen. Hier bestimmen die Zahl der Zeichen in einer Druckspalte sowie die Zahl der Spalten des Artikels die Länge der Überschrift. Je nachdem, ob es sich um einen Ein-, Zwei- oder Dreispalter handelt, wächst oder schrumpft der Raum für die Überschrift.

Online steht meist mehr Raum zur Verfügung. Doch auch hier gibt es formale Grenzen, die vom Design der Webseite vorgegeben sind (siehe auch Kapitel 17 zu Online-Meldungen).

Inhaltlich lassen sich Überschriften bei Meldungen zunächst in **Thema- und Aussagetitel** unterteilen (Kurz 2010: 301), die sich auch in „nachrichtlich allgemein“ (1) und „nachrichtlich konkret“ (2) unterscheiden lassen.

(1) Neuer Streit um Rentenreform
(2) Gericht verurteilt Trickbetrüger zu Haftstrafe

11.2 Syntaktische und grammatische Varianten

Bei Satzbau und Grammatik kann man in **verbbetonte und substantivische Überschriften** unterscheiden. Bei den verbbetonten Überschriften ist einerseits die aktive Variante gängig, die häufig im Präsens steht, wodurch sie die Aktualität erhöht:

(3) *Stadt will Stadion verkaufen*
(4) *Seehofer setzt Merkel unter Druck*

Andererseits hat sich eine **passive Variante** etabliert, die weniger Platz benötigt, bei der je nach Variante das Prädikat, Artikel oder Possessivpronomen weggelassen werden.

(5) *Deutscher Journalist in Mali festgenommen*
(6) *Tarifverhandlungen im Baugewerbe geplatzt*

Überschriften, in denen Substantive die Bedeutung tragen, werden auch als **Nominalstil** bezeichnet. Sie kommen ohne Verb und oft auch ohne Artikel aus:

(7) *Warnung vor Glassplittern in Baby-Brei*
(8) *Drei Tote bei Feuer in Diskothek*

11.3 Punkt, Punkt, Komma, Gedankenstrich

Oft können Überschriften von Meldungen auch mit Satzzeichen gegliedert werden. Dabei handelt es sich vor allem um den Doppelpunkt, etwas seltener um Komma und Gedankenstrich. Der **Doppelpunkt** kann dabei verschiedene Funktionen übernehmen:

Beispiele:

(9) *Wetterdienst: 2018 war das heißeste Jahr*
(10) *„Spiegel": Mercedes-Vorstand vor dem Rücktritt*
(11) *Insolvenz: Darmstädter Druckerei schließt*
(12) *Metall-Tarifstreit: Gewerkschaft fordert mehr Geld*

In (9) und (10) werden die Quelle der Information genannt. In (11) steht die Ursache vor und das Ereignis hinter dem Doppelpunkt. In (12) gibt der Ausdruck vor dem Doppelpunkt das Stichwort für eine aktuelle Einordnung.

Zudem gibt es Überschriften, bei der in der Regel zwei Informationen mit einem **Gedankenstrich oder Komma** getrennt sind, wobei der Gedankenstrich mehr Distanz zwischen den Informationen setzt als das Komma.

(13) 4,8 Prozent mehr Lohn – Streik bei Bahn abgewendet
(14) Bayern bangt um Hummels, Robben fällt aus

Überschriften mit Ausrufezeichen finden sich im Boulevardjournalismus und in Magazinbeiträgen. Sie verleihen den zugehörigen Aussagen einen besonderen Nachdruck, haben so oft eine kommentierende Funktion. Für Meldungen sind Ausrufezeichen in Überschriften, aber auch in den allermeisten Fällen im Text nicht angebracht.

11.4 Gleichklang vermeiden: Überschrift und Leadsatz

Im Verhältnis von Überschrift und Leadsatz ist bei Meldungen darauf zu achten, dass kein Gleichklang entsteht. Da es sowohl für Leadsatz (siehe Kapitel 5) wie für Überschrift eine Reihe von Möglichkeiten gibt, kann man hier problemlos abwechseln. Eine Variation ist vor allem bei Doppelpunkt-, Komma- oder Gedankenstrich-Konstruktionen geboten.

(15) Nicht:
Frontalzusammenstoß: Zwei Tote
Frontalzusammenstoß: Zwei Tote
(16) Sondern:
Frontalzusammenstoß: Zwei Tote
Bei einem Frontalzusammenstoß auf der B300 bei XY sind zwei Menschen ums Leben gekommen.

In den anderen Fällen können ähnliche Konstruktionen den Leser unter Umständen auch in den Text ziehen. Ein Gleichklang kann in der Regel vermieden werden, indem man im Leadsatz weitere Informationen hinzufügt.

(17) Nicht:

Stadt will Stadion verkaufen

Die Stadt will das Stadion verkaufen.

(18) Sondern:

Stadt will Stadion verkaufen

Wegen der angespannten Haushaltslage will die Stadt das Stadion am Stadtwald verkaufen.

Auf den Punkt:

- Überschriften sind maßgeblich entscheidend, ob ein Text gelesen wird.
- Sachlich informierende Überschriften werden meist öfter gelesen.
- Für die Gestaltung von Überschriften gibt es eine Reihe inhaltlicher und formaler Möglichkeiten, die man je nach Thema gut variieren kann.

12 Sprache

Die Nachrichtensprache zeichnet sich durch „Direktheit, Kürze, Prägnanz, Einfachheit und Klarheit“ (Weischenberg 1990:141) aus. Meldungen sollen primär informieren, nicht unterhalten. Das muss aber nicht heißen, dass Nachrichten dröge sein müssen. Das sehen Sie zum Beispiel in Kapitel 13 über bunte Meldungen.

Für nachrichtliche Texte gibt es einige Grundregeln. Manche variieren von Redaktion zu Redaktion, etwa das Verbot bestimmter Wörter oder Konstruktionen. Meist sind diese Vorgaben begründet.

Manchmal spiegeln sich darin jedoch auch vor allem die Ansichten des Chefs wider, oder die Vorgaben sind einfach nur von Journalistengeneration zu Journalistengeneration ungefragt weitergegeben worden.

Doch es gibt auch universelle Regeln für eine angemessene Nachrichtensprache. Die wichtigsten Aspekte werden in den folgenden Abschnitten umrissen.

12.1 Verständlichkeit

Nachrichten müssen leicht verständlich sein. Das gilt sowohl für die Wortwahl wie für den Satzbau. Vermeiden Sie lange Sätze und komplizierte Satzkonstruktionen. Faustregel: ein Thema pro Satz.

Vermeiden Sie Passivkonstruktionen.

(1) *Nicht: Ein 24 Jahre alter Mann ist in der Innenstadt von unbekannten Tätern schwer verletzt worden.*
Sondern: Unbekannte Täter haben einen 24 Jahre alten Mann in der Innenstadt schwer verletzt.

Verzichten Sie soweit wie möglich auf Fach- und Fremdwörter. Wenn Sie diese doch verwenden, müssen Sie diese erklären.

(2) *Das britische Parlament hat am Dienstag kontrovers über die sogenannte Backstop-Regelung für den EU-Austritt diskutiert. Diese Notfallklausel sieht vor, dass die Grenze zwischen Irland und Nordirland offenbleibt, wenn es bis zum Ende der Übergangsphase 2021 kein Freihandelsabkommen zwischen der EU und Großbritannien geben sollte.*

Abkürzungen müssen in der Regel bei der ersten Nennung ausgeschrieben werden, folgen in Klammern und können dann verwendet werden.

(3) *Die irakische Regierung hat den Sieg über die Terrormiliz Islamischer Staat (IS) erklärt. Die letzten IS-Kämpfer seien aus dem syrisch-irakischen Grenzgebiet vertrieben, sagte Ministerpräsident Haidar al-Abadi.*

Bei gängigen Abkürzungen wie Parteinamen (CDU, SPD), bekannten Organisationen (Nato) oder anderen Begriffen (Aids) entfällt in der Regel das Ausschreiben. Die Grenzen sind jedoch fließend und von Medium zu Medium unterschiedlich.

12.2 Neutralität

Formulieren Sie wertfrei! Das gilt nicht nur für Verben des Mitteilens (siehe Kapitel 9.5). Stellen Sie sich nicht auf eine Seite und nehmen Sie keine Vorverurteilungen vor.

(4) *In der Metall-Industrie droht ein Streik.*

Ist das wirklich eine Drohung für alle? Oder übernehmen Sie damit nur die Sichtweise der Arbeitgeber, die womöglich nicht auf die Forderungen der Gewerkschaft eingehen wollen und im Falle eines Streiks Einnahmeverluste befürchten?

Besonders heikel ist auch die juristische Berichterstattung. Ein Verbrecher ist jemand erst, wenn er von einem Gericht verurteilt ist. Davor ist er ein

Tatverdächtiger oder Angeklagter, oder es muss zumindest das Wort „mutmaßlich" eingefügt werden.

Oft findet man auch die Formulierung, dass die Aussage eines Zeugen einen Angeklagten „entlastet" hat. Die Bewertung von Beweisen und Aussagen obliegt jedoch allein dem Gericht – nicht dem Journalisten.

Zur Neutralität einer Nachricht gehört auch der Verzicht auf Umgangssprache. Ein Unfall ist kein „Crash", bei dem ein Auto in ein anderes „kracht".

12.3 Zahlen

Bis einschließlich zwölf werden Zahlen üblicherweise ausgeschrieben. Es gibt jedoch einige pragmatische Regeln. Was verglichen werden soll, wird gleich geschrieben (5). Nicht exakte Größenangaben werden in Buchstaben ausgedrückt (6). Besonders große oder komplizierte Zahlenangaben sollten mit einem Vergleich aufgelöst werden (7).

(5) Die Meteorologen rechnen mit Höchsttemperaturen zwischen 11 und 14 Grad.
(6) Rund tausend Menschen beteiligten sich an den Protesten.
(7) Die Waldbrände in Kalifornien zerstörten eine Fläche von der Größe des Saarlandes.

12.4 Wochentage

Heute, morgen oder gestern haben in der Regel nichts in geschriebenen Nachrichtentexten zu suchen. Der Grund ist ganz einfach: Wenn der Text am nächsten Tag in der Zeitung steht oder im Internet abgerufen wird, ist morgen heute und gestern vorgestern (8). Deswegen werden in der Regel die Wochentage angegeben (9). Liegt der Termin weiter entfernt, kann auch nur das Datum eingefügt werden (10).

(8) Mitteilung der Polizei: Auf der Autobahn 44 hat sich heute ein tödlicher Verkehrsunfall ereignet.

(9) Journalistische Meldung: Auf der Autobahn 44 hat sich am Montag ein tödlicher Verkehrsunfall ereignet.

(10) Als Wahltermin bestimmte die Kommission den 7. Dezember.

12.5 Namen

Für viele Medien und Journalisten sind Namen Nachrichten (siehe Kapitel 2 und 13 zu Nachrichtenwerten und bunten Meldungen). Doch die Nennung von Namen in journalistischen Texten ist ein Minenfeld.

Fehltritte können teure Unterlassungsaufforderungen und Abmahnungen nach sich ziehen. Die wichtigsten Aspekte können hier nur in Grundzügen dargestellt werden, das Thema füllt ganze Bücher.

Grundsätzlich gilt: Wenn es sich um eine Person der Zeitgeschichte handelt oder wenn ein besonderes Interesse am Namen der Person besteht, ist die Namensnennung in der Regel in Ordnung.

(11) Lilly Becker hat die Scheidung von Ehemann und Ex-Tennisstar Boris eingereicht.

Nicht genannt werden die vollen Namen von Kindern, Opfern und jugendlichen Straftätern. Inwieweit der Vorname und der abgekürzte Nachname wie in (12) genannt werden können, muss von Fall zu Fall abgewogen werden.

(12) Die deutschen Behörden haben den für den Tod der Studentin Tugce verurteilten Sanel M. nach Serbien abgeschoben.

Namen werden einmal vollständig genannt, danach wird nur noch der Nachname genannt.

(13) Bundeskanzlerin Angela Merkel hat ihren Facebook-Kanal geschlossen. Mit einer Videobotschaft kündigte Merkel diesen Schritt am Freitag an.

Namen von Sprechern oder Beamten werden in deutschen Medien – anders als etwa im amerikanischen Nachrichtenjournalismus – immer häufiger weggelassen. Wichtig ist jedoch, dass der Journalist den Namen kennt oder notiert hat, falls es Rückfragen gibt.

(14) *Von dem Täter fehle jede Spur, sagte ein Polizeisprecher. (nicht: sagte Polizeisprecher Peter Müller)*
(15) *Eine Ministeriumssprecherin wollte sich nicht zu den Medienberichten äußern. (nicht: Ministeriumssprecherin Antje Müller)*

Die Anreden Herr und Frau werden den Namen nicht vorangestellt. Bei Titeln wie „Dr." oder „Prof." gibt es je nach Medium unterschiedliche Vorgaben. In der Regel können Titel jedoch eleganter eingeführt werden als mit der Abkürzung.

(16) *„Die Tests sind erfolgreich gelaufen", sagte Studienleiter Frank Schmidt. Der Professor für Orthopädie am Universitätsklinikum XY äußerte sich zudem zuversichtlich, dass die neue Therapie bald regelmäßig angewendet werden könne.*

Auf den Punkt:

- Nachrichtensprache ist direkt, kurz, genau, einfach und klar.
- Ihr Ziel ist es, Informationen möglichst neutral zu transportieren.
- Für die Schreibweise von Zahlen und Wochentagen oder die Nennung von Namen gibt es allgemeine Konventionen.

13 Bloß nicht: Die größten Stolpersteine beim Meldungsschreiben

Beim Schreiben von journalistischen Meldungen, aber auch von anderen informativen, nachrichtlichen Kurztexten gibt es eine Reihe von Fallstricken und Stolpersteinen. Die häufigsten Fehler, die dabei gemacht werden, sind:

- **Die wichtigste Nachricht nicht erkannt.** Bei einer Pressemitteilung kann der Kern der Nachricht in einem Satz im letzten Abschnitt versteckt sein, bei der Ansprache eines Politikers oder Firmenchefs ist es manchmal eine Nebenbemerkung.
- **Falsche Chronologie:** In einer Meldung kommt das Wichtigste nie zum Schluss, sondern immer am Anfang – gerade, wenn der Sachverhalt kompliziert ist und viel erklärt werden muss.
- **Sperrige Überschriften:** Wenn die Headline nicht zieht, wird der Rest des Textes meist nicht gelesen.
- **Überfrachtete und unverständliche Einstiege:** Wer zu viel auf einmal mitteilen will, überfordert seine Leser.
- **Phrasen und Worthülsen:** Damit langweilen Sie Ihre Leser. Seien Sie konkret!
- **Unangemessene Sprache:** Zu flapsig, zu locker – das verschreckt und irritiert die Leser.
- **Unbeabsichtigte Wertungen:** Sind sie ausgewogen? Haben Sie auch so formuliert?
- **Nominalstil:** Die Häufung von Hauptwörtern macht einen Text behäbig. Verben sind die Königswörter!
- **Passiv-Konstruktionen:** Passiv ist schwerer verständlich als Aktiv. Meistens gibt es einen Akteur, den Sie benennen können.
- **Falsche Bilder und Metaphern:** Denn das schlägt dem Fass aber nun wirklich die Krone ins Gesicht.

14 So wird es gut: Checkliste für gelungene Meldungen

Die folgende Checkliste hilft Ihnen beim Schreiben von nachrichtlichen Mitteilungen. Damit können Sie überprüfen, ob Ihre Meldung die wichtigsten Kriterien erfüllt:

- **Wer sind die Leser?** Schreiben Sie nicht einfach drauf los, sondern überlegen Sie zunächst: Für wen schreiben Sie? Welche Vorkenntnisse haben Ihre Leser? Was interessiert diese besonders?
- **Was ist die Nachricht?** Machen Sie Ihren Lesern den Nachrichtenwert deutlich – und sich selbst!
- **Das Wichtigste zuerst!** Auch in Ihrer Meldung?
- **Die W-Fragen:** Können Sie alle wichtigen W-Fragen beantworten? Brauchen Sie noch weitere Informationen? Dann müssen Sie nachrecherchieren!
- **Quellencheck:** Woher stammen die Informationen? Wie zuverlässig ist Ihre Quelle? Seien Sie für Ihre Leser transparent!
- **Einstieg:** Verwenden Sie viel Zeit für den Einstieg! Lesen Sie ihn sich selbst vor. Ist er flüssig? Oder gibt es noch Stellen, an denen er stockt und holpert?
- **Überschrift:** Ist Ihre Überschrift informativ und verständlich?
- **Zitate:** Haben Sie korrekt zitiert? Stimmen die Zuordnungen? Enthält der Text versteckte Wertungen?
- **Verständlichkeit:** Ist die Sprache verständlich? Sind Fachbegriffe und Abkürzungen erklärt?
- **Ehrlichkeit gegenüber sich selbst:** „Bringen Sie nur, was Sie selbst verstanden haben“ (Walther von La Roche).

Teil II: Ausprägungen der Meldung und verwandte Formen

15 Bunte Meldungen: Stars, Sternchen und Eisbärenbabys

Vergessen Sie (fast) alles, was Sie bisher über Meldungen gelesen haben. Die bunte Meldung hat ihre eigenen Gesetze. Die wichtigste Vorgabe: Sie muss unterhalten!

Bei bunten Meldungen stehen die Human-Interest-Nachrichtenfaktoren im Vordergrund, also Kuriosität und Ungewöhnliches, Humor und Spaß, Sex und Liebe, Romantik oder auch Tiere (siehe Kapitel 2.1).

(1) Knapp 30 Millionen Weihnachtsbäume wurden zum Fest aufgestellt. Wohin jetzt mit ihnen? ...

(2) Vor einer Meute bellender Hunde ist ein junger Puma in Chile in einen Baumwipfel geflüchtet – und kam nicht mehr allein herunter.

(3) Fünf Wochen nach seiner Geburt hat das Eisbärenbaby im Nürnberger Tierpark zum ersten Mal die Augen geöffnet.

Das Imperfekt im Leadsatz (1), ein erzählerischer Einstieg (2) oder einfach nur die Nachricht (3), dass putzige, pelzige Tiere, die Augen öffnen – vieles ist möglich, was sonst im Geschäft mit harten Nachrichten nicht geht.

15.1 Leute- oder People-Meldungen

Ein Sonderfall ist die Leute- oder People-Meldung, die sich auf Vermischten-Seiten in Zeitungen, im Boulevard, in Illustrierten oder im Internet großer Beliebtheit erfreuen. Die Scheidung von Angelina Jolie und Brat Pitt, die Schuhzimmer von Fußballstar Jérôme Boateng oder einfach nur die Tatsache, dass ein Sternchen 20 Kilo zu- oder abgenommen hat – all das stößt auf großes Interesse.

Oft werden solche Meldungen nur von anderen Medien abgeschrieben. Der Ablauf sieht dann etwa so aus: Eine bekannte Persönlichkeit gibt einem Medium ein Interview. Das veröffentlicht den kompletten Text. Andere Medien basteln dann daraus eine Leute-Meldung mit ein oder zwei Kernaussagen.

Das ist in der Regel ein Gewinn für beide Seiten: Das abschreibende Medium bekommt Aussagen einer prominenten Person, ohne selbst mit dieser sprechen zu müssen. Das liefernde Medium erhält eine Namensnennung als Quelle und bekommt so Öffentlichkeit und Werbung.

Allerdings ist bei Leute-Meldungen Vorsicht geboten – gerade, wenn es sich um Informationen handelt, die Persönlichkeitsrechte verletzen könnten. Da ist man unter Umständen auch nicht auf der sicheren Seite, wenn man die Quelle explizit erwähnt und darauf verweist, dass man nur zitiert.

Denn eine zentrale Anforderung an die Presse ist die Einhaltung der publizistischen oder journalistischen Sorgfaltspflicht bei der Berichterstattung. Das bedeutet auch, dass man keine Unwahrheiten weiterverbreitet.

Das Verbreiten von unwahren oder persönlichkeitsverletzenden Behauptungen kann dazu führen, dass der Geschädigte eine Gegendarstellung, die Unterlassung oder sogar Schadenersatz fordert. Sobald sich ein Anwalt oder eine Kanzlei einschaltet, kann das sehr schnell sehr teuer werden.

Praktisch:

Nehmen Sie eine Tageszeitung und schlagen Sie die Seite mit den Vermischten-Themen (Panorama, Aus aller Welt) auf. Wie viele Meldungen handeln von Prominenten? Welche Nachrichtenfaktoren haben diese Meldungen noch außer dem Faktor Prominenz?

15.2 Phrasen, Wortspiele und andere Fallstricke

Auch wenn das Thema bunt und unterhaltend ist – versuchen Sie nicht, krampfhaft originell zu sein. Das funktioniert nicht. Auch Wortspiele mit Namen sind in den meisten Medienhäusern tabu.

Und hüten Sie sich vor Floskeln wie „Nicht schlecht staunte ...“ oder „Das hatte sich XY anders vorgestellt ...“. Diese finden sich zwar immer wieder noch in Polizeimeldungen und manchmal auch in journalistischen Produkten. Aber: Wenn etwas Überraschendes passiert, staunen wir alle in der Regel. Und vorgestellt hatten wir uns das so auch nicht. Also Finger weg von solchen Worthülsen.

Manchmal reicht es, die Geschichte nur ganz trocken zu erzählen – so wie einer meiner Favoriten aus zwei Jahrzehnten Nachrichtenjournalismus. Um einen etwaigen Sexismus-Verdacht gleich zu zerstreuen: Die Meldung wurde von einer sehr geschätzten und emanzipierten Kollegin so geschrieben:

(4) ***Frau schlägt Räuber mit ihren Möpsen in die Flucht***
Mit ihren beiden Möpsen hat eine Frau in XY einen Räuber in die Flucht geschlagen. Wie die Polizei mitteilte, hetzte sie die beiden Hunde am Dienstag auf den Mann, der ihr ihre Handtasche entreißen wollte.

Auf den Punkt:

- Bei bunten Meldungen steht die Unterhaltung im Vordergrund.
- Die strengen formalen Kriterien für nachrichtliche Meldungen sind hier etwas gelockert.
- Die journalistische Sorgfaltspflicht ist gerade bei Leute-Meldungen besonders gefordert. Verletzungen von Persönlichkeitsrechten sind häufig mit hohen Kosten verbunden.

16 Radiomeldungen: Verorten, verorten, verorten

Einige der Besonderheiten von Meldungen für das Radio haben Sie in den vorangegangenen Kapiteln zu den einzelnen handwerklichen Aspekten bereits kennengelernt. Die wichtigsten Punkte zu Radiomeldungen (und damit in der Regel auch zu in den Fernsehnachrichten vorgelesenen Meldungen) kurz im Überblick:

Direkte Rede: Die Kernaussagen in wörtlicher Rede – das ist ein Merkmal einer gut geschriebenen Meldung, die der Endkunde (nach)lesen kann. Im Radio funktioniert das nicht, da der Hörer die Anführungszeichen nicht hören kann. Dass es sich um ein Zitat handelt, muss also anders kenntlich gemacht werden, etwa mit einer Ankündigung wie „Wörtlich sagte XY: …“. Eine einfachere Option ist die indirekte Rede (siehe Kapitel 9).

Imperfekt: Was bei geschriebenen Meldungen nach der strengen Lehre nicht geht, ist im Radio erlaubt: Imperfekt im Leadsatz (siehe Kapitel 7.1). Damit kann man sogenannte Klemmkonstruktionen verhindern, also einen zu großen Abstand zwischen dem Hilfsverb *ist* oder *hat* und dem bedeutungstragenden Verb im Partizip Perfekt. Werden dazwischen zu viele Wörter eingeschoben, bleibt für den Hörer zu lange unklar, worum es eigentlich geht.

Verorten: Ortsnamen dürfen sich im Radio wiederholen. Im Zweifelsfall reicht es nicht, nur einmal zu Beginn die Ortsmarke zu nennen. In einem geschriebenen Text kann der Leser mit den Augen nochmals zurückspringen. Im Radio geht das nicht. Oft ist die Ortsmarke schon am Hörer vorbeigerauscht, als er noch gar nicht wusste, dass ihn die Meldung interessieren könnte.

Zahlen: Viele Zahlen machen einen Text schwer verständlich. Für jede Meldung gilt, dass man mit möglichst wenig Zahlen auskommen sollte. Beim Radio ist das noch viel wichtiger, denn der Hörer muss sich die Zahlen sofort einprägen und kann sie nicht nochmals lesen.

Auf den Punkt:

- Meldungen für das Radio folgen in Teilen anderen Regeln als geschriebene Meldungen.
- Anders als bei einem geschriebenen Text kann der Hörer im Radio vor allem keine direkte Rede erkennen und nicht im Text zurückspringen.
- Zentrale Unterschiede liegen deswegen bei der Wiedergabe von Zitaten, der Verortung des Geschehens und der Darstellung von Zahlen.

17 Pressemeldungen: Auch das sind Nachrichten

Im Vorwort habe ich geschrieben, dass sich dieses Buch auch an Pressestellen und Abteilungen für PR- und Öffentlichkeitsarbeit richtet. Schön und gut, werden Sie jetzt vielleicht sagen. Aber in diesem Buch stehen doch nur Beispiele aus Zeitungen und Nachrichten. Mit Pressearbeit hat das doch nichts zu tun?

Doch, hat es. Auch wenn ein Unternehmen, eine Institution oder ein Verein etwas mitteilt, ist die Meldung die beste Form dafür – egal ob es sich um die Einführung eines neuen Produkts, geänderte Öffnungszeiten einer Behörde oder den neuen Präsidenten des örtlichen Handballvereins handelt.

17.1 Der erste Schuss muss sitzen

Redaktionen werden heute überschwemmt mit einer Flut von Informationen, größtenteils in Form von E-Mails. Die können in der Regel nur noch flüchtig gecheckt werden.

Eine Pressemeldung muss deswegen schon mit Überschrift und Leadsatz punkten. Auch hier gilt also: Das Wichtigste zuerst. Denn was nicht schon beim Überfliegen Aufmerksamkeit erregt, landet im Papierkorb.

Ein weiterer Grund, eine Pressemeldung wie eine nachrichtliche Meldung zu schreiben: Sie machen der Redaktion weniger Arbeit. Wenn eine Mitteilung professionell verfasst ist und quasi unverändert auf eine Internetseite oder in die Zeitung gehoben werden kann, erhöht das ihre Verwendungschancen.

Zudem ist eine Pressemeldung immer auch eine Visitenkarte des Absenders. Ein holpriger, inhaltlich unschlüssiger Text mit Rechtschreibfehlern ist unprofessionell, wirft kein gutes Licht auf den Absender. Im schlimmsten Fall blamieren sich Autor und Institution oder landen womöglich noch in einer Rubrik für Stilblüten wie „Aufgespießt“ oder dem „Hohlspiegel“.

17.2 Machen Sie der Redaktion so wenig Arbeit wie möglich

Eine gute Pressemeldung ist in der Regel länger als eine klassische Meldung, also meist ein Bericht (siehe Kapitel 18). Das hat einen guten Grund: Je mehr Hintergrundinformationen eine solche Mitteilung liefert, desto geringer ist die Gefahr, dass die Redaktion noch einmal nachhaken oder nachrecherchieren muss.

Beantworten Sie in jedem Fall alle W-Fragen. Je weniger Arbeit Sie dem Redakteur machen, desto höher sind die Chancen, dass er Ihre Mitteilung verwendet.

Bedenken Sie auch, dass eine gut geschriebene Pressemeldung allein nicht reicht, um in die Medien zu kommen. Fragen Sie sich immer auch, welchen Nachrichtenwert Ihre Meldung hat. Für wen könnte sie interessant sein?

Für die Umstellung auf ein neues Produktionsverfahren in einem Unternehmen ist womöglich nicht die örtliche Tageszeitung der erste Ansprechpartner, sondern ein Fachblatt.

Fragen Sie sich auch immer, welches Vorwissen Ihr Publikum hat. In einer Fachzeitschrift können Sie etwas mehr Know-how über ein Produktionsverfahren voraussetzen als bei den Lesern einer Tageszeitung. Doch egal, ob Fachblatt oder Tageszeitung – versuchen Sie immer, so einfach wie möglich zu schreiben.

17.3 Die häufigsten Fehler bei Pressemeldungen

- Das Wichtigste erschließt sich nicht durch Überschrift und den ersten Satz.
- Nicht alle W-Fragen sind beantwortet.
- Zu viel Vorwissen wird vorausgesetzt, Fachbegriffe werden nicht erläutert.
- Rechtschreib- und Grammatikfehler.

Wer journalistische Meldungen schreiben kann, kann auch Pressemeldungen schreiben. Das ist auch ein Grund dafür, dass immer wieder Journalisten in die – oft besser bezahlte – PR-Branche wechseln. Vor dem Hintergrund des schrumpfenden Zeitungsmarktes und teils unsicherer Arbeitsplätze in der Branche kann das für viele eine interessante Perspektive sein.

Auf den Punkt:

- Eine gute Pressemeldung muss sofort Aufmerksamkeit erregen und in sich schlüssig sein. Sonst geht sie in der Flut von Informationen unter.
- In Aufbau und Sprache folgt eine gute Pressemeldung den gleichen Regeln wie eine journalistische Meldung. Sie ist jedoch länger, um die Leser mit allen relevanten Informationen zu versorgen.
- Je professioneller eine Pressemeldung verfasst ist, desto größer ist die Chance, dass sie verwendet wird.

18 Bericht: Darf's auch etwas mehr sein?

Der Bericht fängt da an, wo die Meldung aufhört. Wie Sie aber bereits erfahren haben, kann man die Länge einer Meldung weder in Zeilen, Absätzen oder Zeichen genau fassen (siehe Kapitel 6). Deswegen gibt es auch keine klare Grenze zwischen Meldung und Bericht.

Als Nachricht haben wir „knapp und möglichst unparteiisch formulierte Informationen" definiert (siehe Kapitel 1.1). Beim Bericht fällt das „knapp" weg. Das „unparteiisch" gilt jedoch weiter.

Der Bericht ist ein Genre des informierenden Journalismus und gilt als eine der ältesten journalistischen Darstellungsformen: Er taucht schon in den ersten Zeitungen Westeuropas im 17. Jahrhundert auf (Kiesewetter 2016). La Roche (1997:131) schreibt, der Bericht „ist ein Zwillingsbruder der Nachricht, aber größer geraten und schon ein wenig reifer".

Grundsätzlich fängt ein Bericht wie eine Meldung mit einem Absatz an, der den Lead enthält. Der Autor hat beim Bericht nur mehr Raum. Das Gliederungsprinzip der abnehmenden Wichtigkeit (Pyramidenprinzip) gilt auch hier – wird jedoch auf Absätze erweitert.

Das bedeutet: Im ersten Absatz eines Berichts steht das Wichtigste. Innerhalb der folgenden Absätze muss man sich dann aber nicht mehr an das Schema halten. Dann kann der Autor zum Beispiel einen Vorgang auch chronologisch schildern.

18.1 Das dramaturgische Problem langer Nachrichtentexte

Lange haben die Nachrichtenagenturen ihre Berichte auf eine bestimmte Zeilenzahl (40-50 Zeilen) begrenzt. Das war vor allem den Zeitungskunden geschuldet, die für solche Texte oft eine halbe Seite freihalten mussten. Für Radio und Fernsehen waren solche Stücke allenfalls zur Information nützlich, als Beiträge jedoch nicht geeignet.

Im Internet sind Platzfragen nicht mehr so drängend. Dass man einen Bericht trotzdem nicht zu lang werden lassen sollte, hat vielmehr dramaturgische Gründe. In den meisten Fällen eignet sich ein reiner Nachrichtenbericht nur für mittellange Stücke, weil das reine Aufzählen von Informationen den Leser in der Regel früher oder später langweilt.

Deswegen finden sich auch in Berichten immer häufiger Elemente aus Feature und Reportage. Das fängt bei szenischen Einstiegen an und geht über atmosphärische Beschreibungen bis hin zu teils schon wertenden Passagen. Die Grenzen zwischen Bericht und Feature sind in den vergangenen Jahren zunehmend verwischt.

18.2 Wie aus Meldungen Berichte werden können

Oft steht am Anfang eines Berichts eine Meldung über ein Ereignis. Dann geht dieses Ereignis weiter, es gibt neue Aspekte, Aussagen und Reaktionen. Nehmen Sie das Beispiel Wetter. Am Morgen steht die Meldung, dass in den Alpen in der Nacht 50 Zentimeter Schnee gefallen sind.

Dann kommen Informationen dazu, dass es wegen des Schneefalls mehrere schwere Verkehrsunfälle gegeben hat und der Bahnverkehr zusammengebrochen ist. In einigen Gegenden rufen die Behörden den Katastrophenfall aus und erhöhen die Lawinenwarnstufe.

Dann äußert sich noch der Ministerpräsident, und der Wetterdienst sagt am Nachmittag weitere Schneefälle voraus. All diese kleinen Meldungen werden schließlich zu einem Bericht, der die verschiedenen Aspekte zusammenfasst.

Bei solchen Berichten ist es besonders wichtig, sich länger Gedanken über den Einstieg zu machen. Was ist das wichtigste Ereignis? Was ist die bedeutendste Information? Oft lässt sich das nur schwer sagen, weil mehrere Informationen annähernd gleichwertig sind. Dann empfiehlt sich ein sogenannter **Dachlead**, der eine allgemeine Einschätzung der Lage in einem Satz liefert.

(1) *Nach heftigen Schneefällen in der Nacht hat sich die Lage in den Alpen weiter zugespitzt.*
(2) *Mehrere Tote, Verkehrschaos und wachsende Lawinengefahr – die Situation in den Alpen hat sich nach heftigen Schneefällen zugespitzt.*

Beispiel (2) zeigt auch, wie ein klassisches Berichtsthema wie das Wetter heute zunehmend mit Feature-Elementen aufgemacht werden kann.

Auf den Punkt:

- Der Bericht ist eine Form des informierenden Journalismus, die länger als eine Meldung ist und in weiten Teilen deren formalen Prinzipien folgt.
- Weil lange Nachrichtentexte oft monoton wirken können, werden Berichte immer häufiger mit szenischen Elementen angereichert. Die Grenzen zu Feature und Reportage verschwimmen zunehmend.
- Wie bei der Meldung ist besonderer Wert auf den Leadsatz zu legen. Wenn in einem Bericht mehrere, von der Bedeutung ähnliche oder gleichwertige Aspekte zusammengefasst werden, eignet sich ein allgemeiner Dachlead zum Einstieg.

Teil III: Die Meldung in der digitalisierten Welt

19 Informationsverbreitung im Internetzeitalter

Über viele Jahrzehnte hinweg hatten Journalisten und Massenmedien ein Quasi-Monopol für die Verbreitung von Nachrichten. Sie erhielten die Nachrichten zuerst, wählten die aus ihrer Sicht wichtigsten Themen aus und gaben sie an ihre Kunden und Leser weiter. Man spricht in diesem Zusammenhang von Gatekeepern (Torwächtern).

19.1 Filter und Gatekeeper

Die ersten Gatekeeper waren meist die Nachrichtenagenturen. Sie entschieden, was durch ihr Tor – den Nachrichtenticker – an andere Medien weitergegeben wurde. Auch bei Zeitungen, Radio und Fernsehen musste das Material durch ein (Auswahl)Tor, bevor es zum Endkunden – dem Leser, Hörer, Zuschauer – gelangte.

Es kam am Ende also nur ein ausgewählter, kleiner und oft mehrfach gefilterter Teil der Nachrichten bei der Bevölkerung an. Was nicht über die Medien verbreitet wurde, war für die meisten Menschen nicht oder nur schwer zugänglich.

19.2 Torwächter vor dem Faxgerät

Bis weit in die 2000er Jahre war der Nachrichtenfluss zu den Gatekeepern sehr übersichtlich. Journalisten mussten öfter als heute telefonieren und auf Termine gehen, um sich Nachrichten zu beschaffen. Die Zahl der E-Mails hielt sich um die Jahrtausendwende noch in einem zu bewältigenden Rahmen. Den Zugang zu vielen Informationen hatten die Medien exklusiv.

Eines der wichtigsten Kommunikationsmittel in den Redaktionen war lange das Faxgerät. Darüber kamen wichtige Mitteilungen von Gerichten, Firmen und Ministerien. Ein Redakteur prüfte die Faxe und entschied, was eine Meldung wert war und was nicht. Wenn sich eine wichtige Entscheidung abzeichnete, wurde das Faxgerät regelrecht belauert.

Heute fristet das Faxgerät höchstens noch ein Schattendasein. Nachrichten kommen per Mail, werden über Twitter und Soziale Netzwerke wie Facebook oder Instagram verbreitet oder auf Webseiten eingestellt und sind so – anders als früher – für jeden verfügbar, der Zugang zum Internet hat.

Die Journalisten und Massenmedien haben damit ihre Gatekeeper-Funktion mehr und mehr verloren. Die Menschen können sich die für sie relevanten Informationen und Inhalte im Internet selbst erschließen.

Zudem kann inzwischen theoretisch jeder Internetnutzer selbst Erzeuger von Online-Inhalten und Multiplikator werden. Dieser nutzergenerierte Inhalt (*User Generated Content*) hat zunehmend an Bedeutung gewonnen.

19.3 Machtverlust und Chance

Trotz dieses Machtverlusts der Medien bieten neue Technik und Verbreitungswege auch Chancen. „Der Journalismus hat dank der Digitalisierung alle Möglichkeiten, besser zu werden als er in seiner analogen Form jemals war“, sagt etwa der Axel-Springer-Vorstandschef und Präsident des Bundesverbands der Deutschen Zeitungsverleger (BDZV), Mathias Döpfner.

Doch Döpfner weist auch auf die Risiken hin: „Verkürzung, Emotionalisierung kann dann, hektisch zwischendurch geschrieben und gesendet, komplexe Sachverhalte verzerren.“ (zitiert nach Gösmann/Engel 2019)

Von diesem Spannungsfeld handeln die folgenden Kapitel. Es geht um einige der neuen Mitteilungsformen und Herausforderungen, die im Zuge der Digitalisierung entstanden sind. Dabei werde ich den Bogen zur Meldung schlagen, und zeigen, dass das journalistische Handwerkszeug des Meldungsschreibens weiter von grundlegender Bedeutung ist.

20 Twitter: Sind Tweets Meldungen?

Im März 2006 wurde in San Francisco ein Unternehmen gegründet, das die Nachrichtenwelt grundlegend verändern sollte: Twitter. Der Kurznachrichtendienst, der Mitteilungen (Tweets) zunächst auf SMS-taugliche 140 Zeichen begrenzte, war ursprünglich ein Forschungs- und Entwicklungsprojekt zur internen Kommunikation einer Internetfirma. Er wurde schnell zu einer der bedeutendsten Plattformen für die Verbreitung von Nachrichten.

Twitter verdeutlicht die These „Extension vs. Komprimierung“ aus der Einleitung dieses Buches abermals sehr plastisch. Technisch könnte eine Masse von Informationen verschickt werden. Doch die Menschen beschränken sich freiwillig auf eine sehr überschaubare Zeichenzahl. Und es funktioniert, wie der Erfolg des Mediums zeigt!

20.1 Informations-, Kommunikations- und Recherche-Tool

Die Bedeutung des Kurznachrichtendienstes hat dpa-Chefredakteur Sven Gösmann folgendermaßen umrissen (zitiert nach Bouhs/Robbe (2019)): „Twitter ist in erster Linie ein Informationswerkzeug – und zwar ein sehr wichtiges, wenn man die politische, die wirtschaftliche und die mediale Elite in Deutschland verfolgen will. Weltweit ist es natürlich ungleich mehr. Da ist Twitter auch ein wichtiges Kommunikations- und Recherche-Tool, weil man viele Leute erreicht, die man ansonsten nicht erreicht.“

Teilweise habe Twitter die Pressemitteilung vielleicht noch nicht verdrängt, aber zumindest ersetzt. „Twitter ist das schnellste Medium, das es gibt“, sagt Gösmann. Die Atemlosigkeit im Nachrichtengeschäft sei größer geworden. Man habe nicht mehr die Zeit, sich zurückzulehnen. „Twitter treibt den Nachrichtenjournalismus“, sagt Gösmann. „Die wichtigste Aufgabe der Journalisten ist es, sich nicht zu sehr treiben zu lassen.“

20.2 Internet demokratisiert Informationszugang

Mittlerweile hat quasi jeder Mensch mit Internetzugang in Echtzeit Zugriff auf eine Fülle von Informationen von Behörden, Verbänden, Parteien oder auch Privatpersonen. Das stellt eine enorme Demokratisierung der Informationen dar.

Zugleich aber öffnet diese unkanalisierte Menge von Informationen den Weg für Missbrauch und Manipulation. Und viele Menschen filtern sich nur noch die Informationen heraus, die in ihr Weltbild passen – ganz gleich, ob diese richtig sind oder nicht.

Die Nachrichtenagenturen und Massenmedien in Deutschland haben einen beträchtlichen Teil ihrer einstigen Daseinsberechtigung verloren. Nur für die Verbreitung von Nachrichten sind sie nicht mehr wichtig. Einen großen Teil ihrer Nachrichten beziehen sie selbst zunächst über Twitter, wie dpa-Chefredakteur Gösmann einräumt.

Wenn die Medien also ihre Informationen zu einem Großteil aus frei zugänglichen Quellen wie Twitter beziehen – wieso soll man dann dafür bezahlen? Bei genauerem Hinsehen zeigt sich jedoch, dass der Kurznachrichtendienst eine neutrale Nachrichtenagentur oder ein seriöses Medium nicht ersetzen kann.

20.3 Twitter ermöglicht neue Form der Nachrichtenverbreitung

Twitter kann zur Verbreitung journalistischer Mitteilungen eingesetzt werden. Ähnlich wie bei einer Meldung ist auch bei Twitter der Platz beschränkt.

Mittlerweile stehen den Nutzern 280 Zeichen für einen Tweet zur Verfügung. Die Länge hatte Twitter Ende 2017 verdoppelt, um den Dienst attraktiver zu machen.

Mit 280 Zeichen steht ein Tweet noch immer am untersten Ende der Meldungslänge (siehe Kapitel 6). Allerdings ersetzt das Einfügen von Verlinkungen oft die Quellenangabe, was zu einer deutlichen Zeichenersparnis führt.

Zudem nutzen die Verfasser die komplette Länge für eine Mitteilung kaum aus. Wer sich Tweets mit nachrichtlichem Inhalt ansieht, stellt fest, dass es sich oft nur um Überschriften handelt.

Dazu folgt ein Link auf den eigentlichen Text. Manchmal sind noch sogenannte Hashtags (#) mit Schlagwörtern zu finden, um die Nachricht in einen bestimmten Themenkontext einzuordnen.

Die meisten Medien setzen Twitter ein, um Leser auf ihre Seiten zu locken, wo die ausführliche Meldung zu finden ist. Das erhöht die Klickzahlen, die Reichweite und vor allem die Werbeeinnahmen.

20.4 Kurznachrichtendienst ist nicht gleich Nachrichtenmedium

Ein grundlegendes Missverständnis bei der Annahme, Twitter sei ein Nachrichtenmedium, liegt im Ausdruck „Kurznachrichtendienst". Tatsächlich ist Twitter eine Plattform zur Verbreitung von Informationen (siehe Definitionen in Kapitel 1).

Allerdings ist für den Nutzer oft nicht ersichtlich, welchen Wahrheitsgehalt diese Informationen haben. Das unterscheidet Twitter von Nachrichtenagenturen und anderen Medien, die ihren Nutzern Meldungen zur Verfügung stellen, die redaktionell bearbeitet wurden.

20.5 Ein neues Gatekeeper-Verständnis

Das bedeutet natürlich nicht, dass jeder Tweet eines Mediums korrekt ist. Auch hier gibt es Fehler und Verzerrungen. Doch wenn die Medien ihren Mehrwert gegenüber Twitter behaupten wollen, dann müssen sie bei der Überprüfung und Einordnung von Informationen einsetzen.

Das setzt eine Verschiebung des klassischen Gatekeeper-Verständnisses voraus. Dabei geht es zwar noch immer darum, Informationen auszuwählen. Bei den Nachrichten, die am Medien-Torwächter vorbeikommen, muss der

Nutzer darauf vertrauen können, dass sie schon einen ersten Verifizierungscheck durchlaufen haben.

Auf den Punkt:

- Das Internet und vor allem der Kurznachrichtendienst Twitter haben den Zugang zu Informationen demokratisiert.
- Twitter ist aber kein klassisches Nachrichtenmedium, sondern nur eine Plattform, auf der jeder Informationen verbreiten kann.
- Eine Überprüfung, ob diese Informationen der Wirklichkeit entsprechen, fehlt in vielen Fällen. Hier können die klassischen Medien einen Mehrwert bieten.

21 Facebook: Noch mehr ungenutzter Platz

Facebook ist ein bisschen anders als Twitter. Das Soziale Netzwerk zwängt die Nutzer bei ihren Beiträgen (Posts) nicht in ein enges Zeichen-Korsett wie der Kurznachrichtendienst. Auf Facebook darf ein Post mehr als 60.000 Zeichen lang sein.

Eine solche Textlänge hat beispielsweise eine etwa 25 Seiten lange Hausarbeit an der Universität. Bei einer gedruckten Zeitung entspricht das je nach Layout und Format mehr als sechs Seiten. Tatsächlich nutzt diesen Spielraum auf Facebook jedoch so gut wie niemand aus.

Geben Sie mal in einer Suchmaschine die Begriffe „Facebook“, „Beiträge“ und „Länge“ ein. Google findet dafür derzeit ungefähr 12.500.000 Ergebnisse. Bei einer schnellen Durchsicht findet sich – ähnlich wie bei der Meldungslänge – keine übereinstimmende Zeichenlänge für den optimalen Post auf Facebook.

Aber die Tendenz geht zu sehr kurzen Posts zwischen 40 und 80 Zeichen und nicht mehr als sieben Zeilen (so viel Platz ist in der Übersicht in dem auf der Facebook-Oberfläche angezeigte Fenster).

Hier zeigt sich wie bei Twitter: Technisch steht eine riesige Menge Platz zur Verfügung. Doch wer Leser findet, beschränkt sich auf einen Bruchteil davon – siehe die These Extension vs. Komprimierung in der Einleitung.

21.1 Wichtiger Klick- und Interaktionslieferant

Auch wenn Facebook in den vergangenen Jahren gegenüber Google etwas an Boden verloren hat, bleibt es doch einer der stärksten Lieferanten von Klicks und Interaktionen für Medien (Erxleben 2018).

Auch deswegen erscheint in der Regel nie der komplette Text auf Facebook, sondern immer nur eine Überschrift (Headline) oder ein Vorspann (Teaser) mit einem Link auf die Seite des Mediums, der diesem dann mehr Aufrufe, Aufmerksamkeit und Werbeeinnahmen bescheren soll.

Die Headlines und Teaser folgen oft der Konstruktion von Überschriften und Leads wie bei einer Meldung. Insofern kann die Beherrschung des Nachrichtenhandwerks auch auf Facebook helfen, um ein größeres Publikum zu erreichen.

Auf den Punkt:

- Facebook bietet seinen Nutzern viel Platz für lange Texte. Dieser wird jedoch selten ausgenutzt.
- Über die Länge des idealen Facebook-Posts gibt es ähnlich wie bei Meldung und Bericht unterschiedliche Auffassungen.
- Die Schätzungen tendieren zu kurzen Posts mit 60 bis 80 Zeichen. Das ist deutlich kürzer als eine Meldung.

22 Google: Alles SEO – oder was?

Um sich heute von der Masse der Informationen im Internet abzuheben, hilft es nicht allein, gute Texte zu schreiben. Ein großer Teil des Nachrichtenverkehrs im Internet wird über Suchmaschinen – in der Regel Google – abgewickelt. Wer hier gefunden werden will, muss sich anpassen.

Das Stichwort heißt Suchmaschinenoptimierung, oder englisch *Search Engine Optimization* (SEO). Damit werden Maßnahmen bezeichnet, die dafür sorgen sollen, dass Webseiten und deren Inhalte bei den Suchmaschinen auf vorderen Plätzen erscheinen. Durch das bewusste Beeinflussen dieser Platzierungen von Inhalten bei Suchmaschinen soll deren Reichweite erhöht werden.

Das betrifft auch journalistische Nachrichten. Wenn ein Journalist möchte, dass seine Texte von Suchmaschinen im vorderen Bereich angezeigt werden und damit womöglich von mehr Menschen als sonst gelesen werden, muss er bestimmte Aspekte berücksichtigen.

SEO betrifft Verlinkungen auf andere Internetseiten und -inhalte, den Einbau von Bildern und Videos, die Tauglichkeit für mobile Endgeräte (*Responsive Design*), aber auch Textelemente.

Die folgenden Ausführungen sind kein Crashkurs zur Suchmaschinenoptimierung. An den drei Beispielen Keywords, Überschriften und Teaser soll vielmehr gezeigt werden, wie SEO das Schreiben verändern kann.

22.1 Keyword-Dichte und Textlänge

Ein Keyword (Schlüsselwort) ist eine Texteinheit, die entweder im Text selbst vorkommt oder mit der ein Text verschlagwortet werden kann. Dabei kann es sich sowohl um ein Wort als auch um die Kombination mehrerer Wörter, Zahlen oder Zeichen handeln. Üblicherweise wird eine Internetseite für ein bis drei Suchwörter optimiert. Das soll helfen, dass sie besser gefunden wird, wenn ein User im Internet nach diesen Begriffen sucht.

Optimiert bedeutet, dass diese Wörter besonders häufig vorkommen müssen. Als Ausdruck dafür hat sich die deutsch-englische Hybridkonstruktion Keyword-Dichte (*Keyword Density*) eingebürgert. Das ist der prozentuale Anteil, mit der ein Keyword in einem Text vorkommt. Eine Keyword-Dichte von 2 Prozent bedeutet also, dass unter 100 Wörter zweimal das Keyword vorkommt.

Was die optimale Keyword-Dichte für Webseiten angeht, so gehen die Aussagen allerdings weit auseinander. Manche sehen einen Wert von über 2,0 Prozent schon als ausreichend an. Andere schwören auf einen Wert zwischen drei und fünf Prozent.

Eine zu große Dichte kann aber dazu führen, dass die Seite im Ranking der Suchmaschinen herabgestuft wird. Manche behaupten, dass Google ab einer Schlüsselwort-Dichte von sieben Prozent eine Seite als Spam abstraft. Wieder andere behaupten, dass eine Keyword-Dichte bis zu zwölf Prozent vollkommen in Ordnung sei.

Der Grundgedanke, dem Leser die Schlüsselbegriffe zu vermitteln, ist durchaus sinnvoll. Dabei können auch Wiederholungen dosiert angewendet werden. Eine hohe, SEO-getrimmte Keyword-Dichte widerspricht jedoch den journalistischen Qualitätskriterien. Sie macht den Text schlicht redundant.

Beispiel: Keyword **Clan**, 141 Wörter, Keyword-Dichte 1,42 Prozent (141 Wörter)

(1) Mit einer großangelegten Razzia im Ruhrgebiet ist die Polizei in der Nacht von Samstag zu Sonntag gegen ***Clan****-Kriminalität vorgegangen. 1.300 Polizisten waren laut NRW-Innenministerium im Einsatz. Die Ergebnisse wollte die Behörde am Sonntagmittag präsentieren. Unter anderem in Dortmund, Essen, Duisburg, Recklinghausen und Gelsenkirchen durchsuchten Beamte Shisha-Bars, Wettbüros, Cafés und Teestuben. Bei den Kontrollen suchte die Polizei - unterstützt von*

*Zoll und Finanzbehörden - nach Beweisen für Geldwäsche, Steuerhinterziehung und Schwarzarbeit. „Die kriminellen **Clan**-Mitglieder sollen merken, wir lassen sie nicht in Ruhe – zu keiner Zeit und an keinem Ort", sagte Innenminister Herbert Reul (CDU), der bei den Maßnahmen vor Ort war. Bisher wurde bekannt, dass die Polizei in der Nacht unverzollten Tabak sichergestellt und mehrere Shisha-Bars wegen zu hoher Belastung mit Kohlenmonoxid geschlossen hat. In Essen wurde nach Angaben der Polizei eine Person festgenommen, die 9.000 Euro bei sich führte.*
(Quelle: tagesschau.de, angerufen am 13.01.2019, 11.09 Uhr, https://www.tagesschau.de/regional/nordrheinwestfalen/razzia-clans-ruhrgebiet-103.html)

Praktisch:

Bringen Sie das Keyword **Clan** drei weitere Male in dem Text unter, um auf eine Keyword-Dichte von über 3 Prozent zu kommen. Wie liest sich der Text dann?

Eng mit der Keyword-Dichte hängt die Textlänge zusammen. Viele SEO-Ratgeber empfehlen eine Textlänge von mindestens 300 Wörtern. Der Text wäre dann mehr als doppelt so lang wie Beispiel (1). Das liegt deutlich über den Definitionen für die Länge einer Meldung, die Sie in Kapitel 6 kennengelernt haben.

Eine klassische Meldung mit maximal zwei Zeitungsabsätzen (das entspricht in etwa Beispiel (1)) ließe sich zwar mit Bild ordentlich auf den meisten Webseiten darstellen. Wenn man sich dem SEO-Diktat der 300 Wörter unterwirft, wäre sie mit 141 Wörtern aber viel zu kurz.

22.2 Überschriften

Eine gute Überschrift zieht den Leser in den Text – das gilt zunächst sowohl für journalistische Meldungen (siehe Kapitel 11) wie für SEO-Texte. Für Suchmaschinen optimierte Überschriften wirken jedoch häufig extrem boulevardesk und haben in der Regel einen ähnlichen Klang.

Das liegt unter anderem daran, dass die einschlägigen Ratgeber empfehlen, das Keyword möglichst weit vorne in der Überschrift zu platzieren. Das führt zu vielen Doppelpunkt-Konstruktionen:

(2) Sommerurlaub: Die fünf besten Tipps für ihre nächste Reise
(3) Helene Fischer: Trennung von Florian Silbereisen

Oft wecken SEO-Überschriften zudem Wünsche und Erwartungen oder enthalten simple Anleitungen:

(4) Ciao Rückenprobleme – schmerzfrei ohne Medikamente
(5) Geld sparen und richtig reich werden
(6) Jeff Bezos: Endlich verrät er sein Geheimnis

Mit seriösem Journalismus, der die unparteiische Information in den Vordergrund stellt, hat das in der Regel nichts mehr zu tun.

22.3 Teaser

Eine der positiven Entwicklungen, die Internet und SEO gebracht haben, sind die Teaser, auch Vorspann genannt. Das ist der Text, der zwischen Überschrift und Leadsatz steht, die wichtigsten Inhalte zusammenfasst und dem Leser Appetit auf mehr machen soll.

Ein Teaser muss kurz, aber aussagekräftig formuliert sein, da er nur drei bis vier Sätze umfassen sollte. Einfache Satzkonstruktionen erleichtern die Verständlichkeit.

Eine hilfreiche Orientierungsmöglichkeit bieten die W-Fragen. Der Teaser muss zudem einen Dreiklang mit Überschrift und Leadsatz bilden. Redundanzen sind zu vermeiden.

Lange war der Teaser bei vielen Medien nur größeren Texten vorbehalten. Nachrichtenagenturen verzichteten fast völlig darauf. Bei Meldungen für das Internet ist er dagegen weit verbreiteter Standard.

22.4 Kritik

Suchmaschinenanbieter wie Marktführer Google verwenden bei der Klassifizierung bestimmte Mechanismen, sogenannte Algorithmen. In der Regel gibt ein Anbieter seine Kriterien zur qualitativen Einstufung der erfassten Seiten jedoch nicht bekannt. Und immer wieder werden diese Algorithmen auch geändert.

Ein SEO-Stil versucht, sich diesen Suchmechanismen anzunähern. Bei den Mechanismen handelt es sich um implizite Regeln, die anhand der Erfolgsfaktoren der Optimierung rekonstruiert werden. Wie genau SEO funktioniert, weiß jedoch außer den Urhebern der Algorithmen wohl keiner wirklich genau.

Wer sich dem Diktat der Suchmaschinen unterwirft, kann vielleicht kurzfristig mehr Leser erreichen. Das Wissen, mit welchen Mitteln Inhalte im Internet mehr Reichweite erreichen, hilft, eine kritische Haltung und eine gewisse Vorsicht vor möglichen Manipulationen zu entwickeln.

Insofern sollte sich jeder Journalist mit dem Thema SEO beschäftigen, wenn er Informationen aus dem Internet bezieht. Mit journalistischem Schreiben hat SEO-Schreiben jedoch wenig zu tun.

Auf Dauer wird sich diese Form des Schreibens nach Ansicht des BDZV-Präsidenten Döpfner ohnehin nicht durchsetzen: „Am Ende kommt es auf die Qualität des Inhalts an. Es kommt darauf an, ob man ein wirklich leserorientiertes Angebot liefern oder nur Klicks maximieren will, die Werbekunden glücklich machen."

Auf den Punkt:

- Um von Internetsuchmaschinen besser gefunden und in der Ergebnishierarchie früher angezeigt zu werden, können Texte für die Suchmaschinen optimiert (SEO-optimiert) werden.
- Die SEO-Kriterien für einen Text laufen jedoch in mehreren zentralen Punkten den Kriterien für eine handwerklich gute journalistische Meldung zuwider.
- Wer sich als Journalist dem Diktat der Suchmaschinen unterwirft, läuft Gefahr seine Unabhängigkeit zu verlieren.

23 Social Media Release

Die Digitalisierung mit ihren neuen Verbreitungswegen hat die Beschränkungen für die Menge der schnell übermittelbaren Informationen weitgehend aufgehoben. Das führt dazu, dass man Adressaten – egal ob Leser, Medien oder PR-Kunden – auf einen Schlag mit umfassenden, multimedialen Informationspaketen versorgen kann.

Eine Möglichkeit, die Ende der 2000er Jahre aufkam, ist der Social Media Release (SMR). Darunter versteht man „eine neue Art Nachrichten und Informationen online zu veröffentlichen und zu verbreiten, welche den veränderten Informations-, Medienrezeptions- und Kommunikationsbedingungen im Internet gerecht werden will" (Lommatzsch 2013:40).

Der SMR ist dabei ein Versuch, Inhalte, Distributionskanäle sowie Erwartungen und Bedürfnisse des Social Webs, also des Internets mit seinen sozialen Kommunikationskanälen, bestmöglich für die Verbreitung von Informationen und Neuigkeiten zu kombinieren.

Die Zielgruppe des SMR sind nicht nur Journalisten. Auch Blogger, Podcaster oder Konsumenten erhalten die Möglichkeit, sich multimedial über Themen zu informieren und daraus eigene Inhalte für das Social Web zu generieren.

23.1 Wie ein SMR aufgebaut ist

Ein SMR setzt sich aus verschiedenen Bestandteilen/Modulen zusammen. Das sind in der Regel:

- Zusammenfassung des Inhaltes
- Grund der Pressemitteilung/News Release Headline
- Multimedia-Material: Audio, Video, Bilder
- Kontaktinformationen
- Social Bookmarks für Facebook, Twitter u. a.
- RSS-Feature

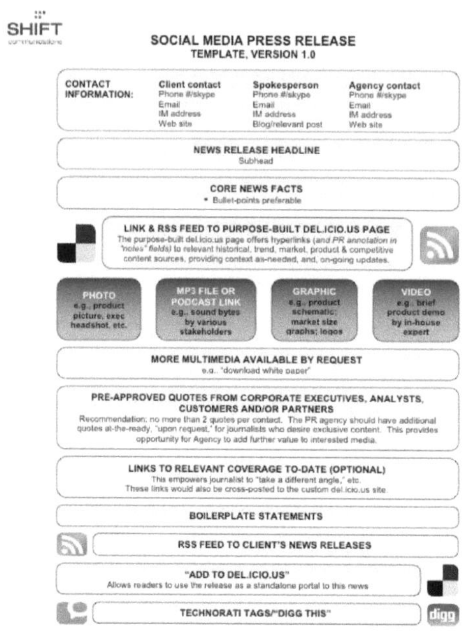

Das klassische Meldungselement findet sich in dem Punkt „Zusammenfassung des Inhaltes“ und „Grund der Pressemitteilung“ wieder. Hier gelten die Regeln für Überschrift und/oder den Leadsatz, die wir in diesem Buch kennengelernt haben – je nachdem, ob es sich nur um eine Überschrift oder einen Teaser handelt, mit dem Interesse erregt werden soll. Wer hier nicht das Publikum gewinnt, hat den gesamten Aufwand für die folgenden Teile umsonst betrieben.

(Quelle Abbildung: https://www.shiftcomm.com/downloads/smprtemplate.pdf)

23.2 Kritik

Der Nutzen eines multimedialen SMR rechtfertigt oft nicht den Aufwand einer solchen Veröffentlichung. Letztlich kommunizieren die Urheber nicht zielgerichtet. Vielmehr erhalten alle alles – ganz gleich, ob Wochenblatt, überregionale Tageszeitung, Blog oder Fernsehsender. Eine Überfrachtung mit Zusatzinformationen und Hintergrundwissen kann schnell Desinteresse erzeugen. Die Kernbotschaft gerät dabei oft in den Hintergrund.

Die klassische Pressemitteilung ersetzt der SMR ohnehin nicht, wie Lommatzsch (2013:41) konstatiert. „Er ergänzt sie oder wird für Themen und Inhalte eingesetzt, für die keine klassische Pressemitteilung veröffentlicht wird“.

Auf den Punkt:

- Ein Social Media Release (SMR) ist eine multimediale Veröffentlichungsform für Nachrichten und Informationen mit spezieller Ausrichtung auf das Internet.
- Wie bei einer klassischen Meldung gilt es auch hier, das Publikum mit Überschrift und/oder Zusammenfassung des Inhalts zu gewinnen.

24 Objektivität und Entfremdung: Lügenpresse und Fake News

Mehrfach in diesem Buch habe ich geschrieben, dass Meldungen und Berichte möglichst unparteiisch sein sollen. Das bedeutet, dass ein Journalist in diesen Stilformen in einer angemessenen Sprache faktenorientiert und ohne Wertungen berichten soll. Aber sind Meldungen deswegen auch objektiv? Ist das, was darin berichtet wird, die Realität? Es geht um die grundsätzliche Frage nach dem Verhältnis von Journalismus und Wahrheit.

Lange galt das, was in Deutschland in der Zeitung stand, als verlässlich. Die Tagesschau hatte quasi-amtlichen Charakter. Das war sicher übertrieben. Denn Ungenauigkeiten, Fehler und bewusste Falschinformationen gab es schon immer.

In den vergangenen Jahren ist das Pendel jedoch in die andere Richtung ausgeschlagen. Die Diskussionen um gefälschte Reportagen, Lügenpresse und Fake News haben das Vertrauen in klassische Medien schwer erschüttert.

24.1 „Selbstzufriedenheit und Überheblichkeit"

BDZV-Präsident Döpfner sieht das als eine Entwicklung über Jahrzehnte. Nach dem Zweiten Weltkrieg sei Journalismus mit einer ganz anderen Relevanz betrieben worden – für die Wiederherstellung von Demokratie und mit dem Impuls, eine Wiederholung des Dritten Reiches nie wieder zuzulassen.

„Die Hoch- und Zeitgeistphase von den 70er bis in die 90er Jahre hat dann zur Selbstzufriedenheit und Überheblichkeit geführt", kritisiert er. Entsprechende Geisteshaltungen hätten sich „in ganz verschiedenen Verlagen und Redaktionen eingenistet und dazu geführt, dass es zu einer tiefen Entfremdung zwischen Leserinnen und Lesern und den journalistischen Angeboten gekommen ist" (zitiert nach Gösmann/Engel 2019).

24.2 Die alte Klage von der Desinformation durch die Medien

Eine kritische bis ablehnende Sicht auf die Medien ist keineswegs ein neues Phänomen. „Dass Journalisten oft desinformieren, ist eine alte Klage: Sie hat den Aufstieg der 68er begleitet und begleitet heute den Aufstieg von Populisten“, schreibt Paul-Josef Raue (2019).

Zum Beleg verweist der langjährige Chefredakteur verschiedener Tageszeitungen auf das Buch von Wolf Schneider „Die tägliche Desinformation. Wie uns Massenmedien in die Irre führen“. Es erschien erstmals im Jahr 1984, ist mittlerweile vergriffen und doch noch immer aktuell.

Schneider schreibt unter anderem: „Journalisten lügen, weil sie unter Erfolgszwang stehen und von ihren Chefs oder Auftraggebern unter Druck gesetzt werden, interessanter zu schreiben als die Konkurrenz. Sie lügen, weil sie nur Informationen verkaufen können, die andere nicht haben. Sie lügen, weil sie in der Redaktionshierarchie aufsteigen wollen, weil sie mit ihrer Geschichte auf der ersten Seite stehen wollen, weil sie den Pulitzerpreis bekommen wollen. Und sie schlittern in die Lüge hinein, weil sie mit Übertreibungen begonnen haben und das Übertriebene immer noch weiter gesteigert werden muss, damit es interessant bleibt.“

Eitelkeit, die Sucht nach Anerkennung, das Streben nach Geld, Ruhm und Karriere – das sind menschliche Züge, die sich in vielen Berufsfeldern wiederfinden. Womöglich ist der Journalismus da etwas stärker gefährdet, weil die Journalisten mehr Möglichkeiten haben, sich in der Öffentlichkeit darzustellen als ein Maurer oder eine Krankenschwester.

24.3 „Man sitzt auf dem hohen Ross“

BDZV-Präsident Döpfner macht auch einen Verlust der Demut der Journalisten für die Glaubwürdigkeitskrise der Branche verantwortlich. Zur Affäre um gefälschte Reportagen im Nachrichtenmagazin „Der Spiegel“ und anderen Medien erklärte er: „Man sitzt auf dem hohen Ross und beschreibt in schöner, fast literarischer Sprache die Welt, wie sie sein soll. Haltung ist oft wichtiger als Handwerk, Weltanschauung wichtiger als Anschauung."

Eine Rückbesinnung auf das Handwerk kann also dazu beitragen, dass Journalisten zumindest einen Teil des Vertrauens wiedererlangen. Dazu können auch die Werkzeuge des Nachrichtenjournalismus beitragen, die in diesem Buch vorgestellt wurden.

24.4 Demut und Bodenständigkeit sind gefragt

Zunächst ist es wichtig, dass die Journalisten sich ihrer eigenen Schwächen bewusst sind. Sie haben in Kapitel 2 zu Nachrichtenwerten gesehen, dass die Auswahl einer Nachricht auch von persönlichen Prägungen der Journalisten beeinflusst werden kann.

Schon mit der Auswahl einer Nachricht und der Entscheidung, eine andere nicht zu berücksichtigen, trifft der Journalist eine subjektive Entscheidung und verlässt die Objektivität. Deswegen ist es wichtig, den Prozess der Nachrichtenauswahl bewusst, begründet und nachvollziehbar zu gestalten.

Zu dieser Transparenz tragen auch eine unparteiische Sprache und ein klarer Aufbau von Meldung und Bericht bei. Ziel der journalistischen Arbeit muss es sein, dass sich die Leser auf Basis der gelieferten Informationen selbst eine Meinung bilden können. Dazu gehört auch, andere Seiten aufzuzeigen und die Gegenseite zu Wort kommen zu lassen. Und dazu ist es wichtig, mit Fehlern offen umzugehen

Journalisten sind nicht in erster Linie Künstler oder Weltverbesserer. Sie haben keinen erzieherischen Auftrag. Sie sind Informationsdienstleister. Wer sein Handwerk sauber ausübt, gewinnt das Vertrauen seiner Kunden. Das ist bei Journalisten nicht anders als bei Friseuren, Klempnern oder Automechanikern. Wer Demut und Bodenständigkeit vermissen lässt, entfernt sich immer mehr von seiner Umwelt und seinen Mitmenschen.

25 Roboter-Journalismus: Wo bleibt der Mensch?

Die Digitalisierung unserer Gesellschaft hat gerade erst begonnen. Mit dem fortschreitenden Prozess wird sich das Berufsbild des Journalisten verändern – ebenso wie das Anforderungsprofil, an all diejenigen, die diesen Beruf ausüben wollen.

Eine Entwicklung ist der sogenannte Roboter-Journalismus. Maschinen werden das Schreiben von kurzen Meldungen immer mehr übernehmen. Die verschiedenen Regeln und Hinweise für das Nachrichtenhandwerk, die Sie auch in diesem Buch kennengelernt haben, lassen sich zu einem großen Teil gut in Algorithmen übertragen. Schon jetzt sind die Ergebnisse bei maschinell erzeugten Meldungen beachtlich – und die Entwicklung auf diesem Gebiet geht rasant voran.

25.1 Weniger Jobs im Journalismus

Es wird in den kommenden Jahren voraussichtlich weniger Jobs im Nachrichtengeschäft geben. Die Oxford-Professoren Carl Benedikt Frey und Michael A. Osborne (2016) haben rund 700 Berufe auf dem US-Arbeitsmarkt detailliert analysiert: Welche Chancen haben sie, in der Digitalisierung zu bestehen?

Demnach haben Redakteure ein Job-Verlustrisiko von knapp sechs Prozent und liegen mit Blick auf die Sicherheit ihres Arbeitsplatzes auf Rang 140. Etwas schlechter, aber noch keinesfalls dramatisch sind die Aussichten für Nachrichtenredakteure im Rundfunk (sieben Prozent).

25.2 Gefragt sind soziale Intelligenz und breite Wahrnehmung

Also kein Grund, um für den Beruf des Journalisten schwarz zu sehen. Hinzu kommt: Nicht oder nur teilweise ersetzen können Roboter den Menschen nach Ansicht von Frey in Kreativ-Berufen, in Berufen, die soziale Intelligenz erfordern und in Berufen, in denen es um Tiefe und Bandbreite der Wahrnehmungen menschlichen Verhaltens in einer unstrukturierten Arbeitsumgebung geht (Martens 2016).

Auch dpa-Chefredakteur Gösmann schlägt in diese Kerbe. Zukunftsfähiger Journalismus benötige die Recherche vor Ort, das Rausgehen, dass man mehr als eine Meinung zu einem Sachverhalt höre, im Kontakt mit den Themen und mit den Experten sei – und dass man Quellen kritisch hinterleuchte und Fakten checke (Bouhs/Robbe 2019).

Das sind starke Argumente dafür, das Handwerk des Nachrichtenschreibens weiter zu lehren und zu lernen. Denn mit den Werkzeugen des Nachrichtenjournalismus lässt sich die Wahrnehmung strukturieren. Man lernt, das Wichtigste zu erkennen und den Sachverhalt richtig und verständlich auf den Punkt zu bringen. Das ist und bleibt nicht nur der Kern des Journalismus, sondern der gesamten Informationsvermittlung in einer immer komplexeren und schnelleren Welt.

Fazit

Nein, das Beste kommt nicht zum Schluss. Wenn Sie bis hierhin vorgedrungen sind, sollte das klar sein. Deswegen freut es mich ganz besonders, dass Sie mir bis zum Schluss gefolgt sind.

Sie haben in diesem Buch nicht auf alles eine exakte Antwort erhalten. An manche Themen kann man sich nur annähern – zum Beispiel an die Fragen, wie viele Nachrichtenwerte es gibt oder wie lang genau eine Meldung ist, wo sie aufhört und wo der Bericht anfängt?

Aber trotzdem konnten Sie hoffentlich ein paar hilfreiche Tipps mitnehmen, worauf Sie beim Schreiben von Meldungen achten sollten und wie Sie mit informativen Kurztexten Menschen auf verschiedenen Kanälen erreichen.

In der Einleitung habe ich fünf Thesen aufgestellt. Diese möchte ich vor dem Hintergrund meiner Ausführungen in diesem Buch zum Abschluss nochmals betrachten:

1) TECHNIK: Das Pyramidenprinzip für den Nachrichtenaufbau in Zeiten unsicherer Übertragungswege, die wegen der niedrigen Leitungskapazität in mehrere Teile gestückelte Eil-Meldungen, die Anforderungen von Zeitungen und Internetseiten an Texte oder auch die Begrenzungen, die Twitter seinen Nutzern auferlegt – all diese Beispiele zeigen, wie die verfügbare Technik maßgeblich die Übermittlung von Informationen in einer Gesellschaft beeinflusst.

2) KOMPRIMIERUNG vs. EXTENSION: Die Übertragungskapazitäten sind immens gewachsen (Extension). Technisch kann heute eine riesige Menge von Nachrichten in Sekundenbruchteilen um die Welt geschickt werden. Trotzdem findet sich in vielen Bereichen der Kommunikation eine oft freiwillige Selbstbeschränkung wie bei Twitter, Facebook oder einem Social Media Release. Denn in der Masse der frei zugänglichen Informationen müssen Nachrichten immer mehr

verdichtet werden (Komprimierung). Denn der Leser hat gar nicht mehr die Zeit, alles in voller Länge zu sichten.

3) JENSEITS DER GESCHWINDIGKEIT: Mit dem Internet und vor allem mit Twitter hat das Tempo im Nachrichten- und Informationsgeschehen massiv zugenommen. Das birgt Gefahren, macht anfällig für Fehler. Letztlich können Journalisten den Wettlauf mit Twitter nicht dauerhaft gewinnen. Medien müssen ihren Nutzern einen Mehrwert über die Geschwindigkeit hinaus bieten. Das sind zum Beispiel Verlässlichkeit, Einordnung, Kompetenz und Fachwissen.

4) ROBOTER: Der sogenannte Roboter-Journalismus wird in den kommenden Jahren einen Teil der Nachrichtenerzeugung übernehmen. Gerade einfache Tätigkeiten wie das Verfassen von schematischen Texten werden Computer schneller als Menschen erledigen können. Doch überall da, wo es auf menschliche Kontakte, Einfühlungsvermögen und die Anwesenheit vor Ort ankommt, wird der Journalist weiter gebraucht werden.

5) HANDWERK: Die Skandale um manipulierte journalistische Texte, Lügenpresse-Kampagnen und die Entfremdung vom Leser erfordern eine Rückbesinnung auf das Handwerk. Mit sauberer, ehrlicher und transparenter Arbeit können Journalisten einen Teil des verloren gegangenen Vertrauens zurückgewinnen. Darüber hinaus kann jeder lernen, wie man Texte schreibt, die eine Nachricht vermitteln. Wer dieses Handwerk beherrscht, kann sich in unserer modernen Kommunikationsgesellschaft nicht nur besser zurechtfinden, sondern auch mehr Gehör verschaffen. Die klassische Meldung lebt!

Dank und mehr

Im Sommer 1999 habe ich als Praktikant bei der Nachrichtenagentur Associated Press (AP) angefangen – neugierig, begeistert, aber ziemlich ahnungslos. Trotzdem bekam ich eine Redakteursstelle. In den Jahren bei der AP habe ich am meisten vom journalistischen Handwerk gelernt. Deswegen gebührt der erste Dank meinen dortigen Lehrmeistern: Peter Gehrig, Peter Zschunke, Froben Homburger, Gerhard Kneier und Uwe Käding (in hierarchischer Reihenfolge).

Christian Sauer danke ich für die Anregung zu diesem Buch, sein Feedback und die wertvolle Begleitung seit vielen Jahren.

Ein ganz großes Dankeschön geht an meine Frau Anke Breitmaier-Köhnlein und meine Mutter Edda Köhnlein für die Korrekturen und die vielen wertvollen Hinweise.

Dieses Buch ist das Ergebnis eines jahrzehntelangen Lernprozesses. Ein guter Meldungsschreiber fällt nicht vom Himmel. Erst in der Praxis verfestigt sich, was in diesem Buch erklärt wurde. Also üben Sie fleißig!

Oder buchen Sie mich als Textcoach! Für Medien, Firmen und Institutionen biete ich eine Reihe ganz unterschiedlicher Seminare an. Das Spektrum reicht vom journalistischen Schreiben in allen Textgattungen für Einsteiger und Fortgeschrittene über Textwerkstätten für bessere und attraktivere Texte, das Erstellen von Pressetexten oder Interview-Training für Journalisten und PR-Abteilungen. Mehr Informationen finden Sie auf meiner Homepage www.stephan-koehnlein.de.

Darmstadt, März 2019

Stephan Köhnlein

Literatur

Bouhs, Daniel und Robbe, Timo: Wie Journalisten mit Twitter umgehen. In: ZAPP – Das Medienmagazin. NDR, Erstausstrahlung 16.01.2019. https://www.ndr.de/fernsehen/sendungen/zapp/medienpolitik/Wie-Journalisten-mit-Twitter-umgehen,twitter934.html [abgerufen am 02.03.2019]

Gösmann, Sven und Engel, Esteban. Luftgewehr der Fantasie. Interview mit Mathias Döpfner. 2019. Zitiert nach https://www.welt.de/kultur/medien/article187009630/Mathias-Doepfner-Luftgewehr-der-Fantasie.html [abgerufen am 02.03.2019]

Duden Sprachwissen: Quellenangaben mit laut, zufolge, nach, gemäß etc. https://www.duden.de/sprachwissen/sprachratgeber/Quellenangaben-mit-laut-zufolge-nach-gemass-etc ohne Veröffentlichungsdatum, [abgerufen am 02.03.2019].

Erxleben, Christian: Warum Facebook für Publisher an Bedeutung verliert. 2018 https://www.basicthinking.de/blog/2018/01/05/bedeutung-facebook-publisher/ [abgerufen am 02.03.2019]

Frey, Carl Benedikt und Osborne, Michael A.: The future of employment: how susceptible are jobs to computerisation? https://www.sciencedirect.com/science/article/pii/S0040162516302244?via%3Dihub 2016, [abgerufen am 02.03.2019].

Gehr, Martin: Überschrift. http://journalistikon.de/ueberschrift/ 2016, [abgerufen am 02.03.2019].

Hooffacker, Gabriele: Schreibwerkstatt, Schwerpunkt „Bericht". http://www.onlinejournalismus.org/programme/fjs/schreibwerkstatt_unterlagen_bericht.doc 2016 [abgerufen am 02.03.2019]

Kepplinger, Hans Mathias und Rouwen, Bastian: Der prognostische Gehalt der Nachrichtenwerttheorie. In: Publizistik 45 (4), 2000, S. 462–475.

Kepplinger, Hans Mathias: Der Nachrichtenwert der Nachrichtenfaktoren. In: Holtz-Bacha, Christina/Scherer, Helmut/Waldmann, Norbert (Hrsg.): Wie die Medien die Welt erschaffen und wie die Menschen darin leben. Wiesbaden 1998, S. 19-38.

Kiesewetter, Christina: Bericht. http://journalistikon.de/bericht-2/ 2016. [abgerufen am 02.03.2019]

Kurz, Josef: Die Überschrift (Der Titel). In: Kurz, Josef; Müller, Daniel; Pötschke, Joachim, Pöttker; Gehr, Martin: Stilistik für Journalisten. Wiesbaden 2010, S. 299-321.

La Roche, Walther von: Einführung in den praktischen Journalismus. München 1997.

Lippmann Walter: Die öffentliche Meinung. München 1964 (Originalausgabe; Public Opinion. New York 1922).

Lommatzsch, Timo: Der Social Media Release. Eine neue Form der Online Veröffentlichung und Verbreitung von Nachrichten und Informationen. Hannover 2013. https://www.social-media-journal.de/wp-content/uploads/2013/06/SocialMediaReleaseeBook.pdf [02.03.2019]

Martens, Christin: Oxford-Prof. Frey im Interview: Verlieren wir den Kampf gegen die Maschinen, Herr Roboter-Experte? https://www.businessinsider.de/oxford-prof-frey-im-interview-verlieren-wir-den-kampf-gegen-die-maschinen-herr-roboter-experte-2016-3?IR=T 2016, [abgerufen am 02.03.2019]

Müller, Sandra: Radio machen. Konstanz 2014.

Raue, Paul-Josef: Journalisten zählen zu den Gewinnern der Digitalisierung. Aber nicht alle. https://kress.de/news/detail/beitrag/141853-journalisten-zaehlen-zu-den-gewinnern-der-digitalisierung-aber-nicht-alle.html 2019, [abgerufen am 02.03.2019].

Raue, Paul-Josef: Haben Journalisten endgültig das Vertrauen verspielt? https://kress.de/news/detail/beitrag/141953-haben-journalisten-endgueltig-das-vertrauen-verspielt.html 2019 [abgerufen 02.03.2019]

Schneider, Wolf: Die tägliche Desinformation. Wie uns Massenmedien in die Irre führen. Hamburg 1984.

Schneider, Wolf: Deutsch für Kenner. Gütersloh 1988.

Schwiesau, Dietz und Ohler, Josef: Die Nachricht in Presse, Radio, Fernsehen, Nachrichtenagentur und Internet. Ein Handbuch für Ausbildung und Praxis. München 2003.

Simon, Ulrike: Überfliegen Sie nur - oder lesen Sie schon? https://www.welt.de/wams_print/article952320/Ueberfliegen-Sie-nur-oder-lesen-Sie-schon.html 2007, [abgerufen am 02.03.2019]

Weischenberg, Siegfried: Nachrichtenschreiben Opladen 1990.

Weise, Manfred: Die Kurzmeldung: Theoretische Grundlagen und praktische Tipps. Wiesbaden 2005.

Zschunke, Peter: Agenturjournalismus. Nachrichtenschreiben im Sekundentakt. Konstanz 2000.